公共を支える民

市民主権の地方自治

private
public

public

寄本勝美 編著

市川喜崇
早川　淳
岩崎恭典
小原隆治
佐藤　学
山本耕平
瀧井宏臣
麦倉　哲
中村祐司
大江正章

コモンズ

もくじ■公共を支える民

公共を支える民

●市民主権の地方自治

プロローグ　二つの公共性と官、そして民

寄本勝美

1　公共と官

現代の市民生活を取り巻くさまざまな問題は、公共（社会と言ってもよい）の問題として捉えられるべきものである。たとえば、ごみ・リサイクル問題は、その最たるもののひとつである。ごみ減量を個人や家庭に求めるのはよいが、こうした自助の努力だけでは大きな限界をもつ。自助を言うのであれば、それを生かし、それに応えるような公共政策がなければならない。一九八〇年以降のいわゆる「行政改革」の動きには、市民や民間セクターの私的な努力を強調するあまり、市民の生活問題や都市問題を基本的に公共の問題として理解する視点に欠けていたきらいがある。「私」と「公共」と

の関係は、一方が上がれば必ず他方が下がるシーソーのようなものではない。

こうして、公共の重要性は今日においてますます高まってさえいる。ただし、ここでいう公共とは、イコール「官」すなわち「行政」ではない。行政は公共のなかできわめて重要な領域を占めるが、公共即行政というわけではないのである。言うまでもないことだが、公共は官のみならず民、すなわち市民や民間企業によっても築かれ、支えられるべきものである。

公共には、官（行政＝自治体と国を含めた行政部門＝公共部門）が担う公共と、民が担う公共とがある。あえていえば、後者は、公共ではあっても官の関与をできるだけ排除しようとする点で、私的公共性（プライベート・パブリック）と表現できる。日本では、このような私的公共性に対する市民や民間企業の認識度は、官はもちろん、市民や企業の間でも低い。公共ないし公共の問題といえば官に直結しがちで、〝もうひとつの公共〟の領域が顧みられることが少なかった。

民は、官に対してさまざまな要求をしたり、ときには官の政策形成に参加する機会はもってきたりしたものの、公共そのものの一部を担う主体者意識は希薄だった。多くの場合、企業は官に対して強力な圧力団体であったものの、企業自らが公共をつくり出し、それを支えようとするような動きは、活発であったとは言えない。企業にとっては、市場メカニズムを通じて自社の製品の売れ行きが伸び、会社が成長・発展することが、すなわち社会への貢献につながるものであり、公共とのかかわりであった。官によって公共への配慮を強制され、住民運動や消費者運動によって公共とのつながりの強化を余儀なくされることはあっても、企業も公共を担う主体であるという発想は、いまになっても豊かであるとは言いがたい。

2　二つの公共性と官・民の活動

一方、官は近年、行政サービスの肥大化と財政破綻を恐れ、民による自助・互助や民活の推進を方針に掲げてもきた。しかし、官が実際に民の活動の特性をどれだけ尊重し、民による公共的な活動にどれだけ真の期待を寄せてきたかとなると、疑問が残る。民の活動に対する不要な許認可などの公的規制は依然、少なくない。第三セクターの事業体や外郭団体は、形は民間法人でも、実質は官の出店か出張所にとどまっている例が多い。また、民間の非営利団体の公益活動に対する税制への配慮に欠けるなどの問題があるからである。

だからと言って、官が担う公共性、つまり公的公共性の領域を単に縮小すればよいというわけではない。官は、民の活動を妨げている制度や慣行などを改めていくとともに、他方では民の活動を支援し、さらに政府や自治体の機能の拡充が求められている問題に関しては、むしろ積極行政を展開していってよいはずである。たとえば、環境保全や高齢化社会への対応は、その最たる分野であろう。

初めに述べたように、市民生活をめぐる問題は、まず公共の問題として受けとめていかなければならない。では、その公共を民と官はいかに受けとめ、どのように役割や責務を分担し、組み合わせていけばよいのだろうか。この図式を問題ごとに具体的に築くのが、これからの公共政策にほかならな

図1　生活問題の公共化と公・民の対応

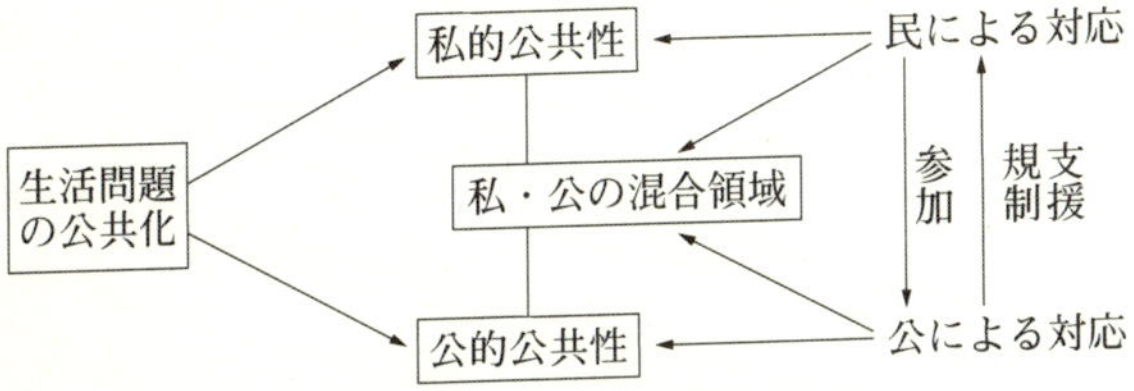

い。それゆえ、公共は官のみならず民によっても担われるべきものであり、公共政策は民の主体的な参加と官との協力によってつくられるべきものである。

3　役割相乗型の公共政策

それでは、公共の問題ごとに、これら三つの活動主体はどのように役割を分担し、公共的な対応をしていけばよいのだろうか。この課題に具体的に応えるのが公共政策にほかならない。すなわち、市民、企業、それに行政の役割の分担と組合せの図式を実現するのが公共政策なのである。したがって、こうした公共政策の形成や実施の過程には市民も企業も参加していかなければならない。

その際、これら三者にとっての共通の目標となるのは、役割相乗型の公共政策の追求である。すなわち、市民、企業、それに行政の活動や役割をどのように組み合わせれば、そこから得られる相乗効果がより大きなものになるか。こうした相乗性の世界を問題ごとに具体的に描いていくことである。

ごみ・リサイクル問題でいえば、たとえば企業が製品をつくったり売ったりする段階であらかじめ当の製品の適正処理や再利用のための配慮を十分にしていれば、市民や再生資源業者あるいは自治体によるリサイクル活動やごみ処理事業は、どんなにかやりやすくなり、手間やコストの面でもどんなにか大きな節減が期待されることだろう。また、福祉でいえば、都市、とくに大都市での住宅政策が拡充されてこそ、民の側における自助（ホーム・ケア）や互助（コミュニティ・ケア）の努力が生かされる。

以上を図にまとめると、**図1**のとおりとなろう。

4　官僚化の阻止

これからの官僚に求められるのは、官僚もまた民である、という視点である。官僚は公務員であると同時に、自らもまた市民としての感覚と意識をもたなければならない。企業には「企業市民」たることが期待されるように、公務員は「公務員市民」であることが望まれる。彼らには、市民サイドの提案を自分も市民の一人として受けとめながら、それを公務につないでいくことが求められよう。このような市民性にあふれた公務員、つまり、いつも市民のために働き、市民と共に仕事をしたいという〝シビル・サーバント〟は、私たちと脈が通じ合った、そして頼もしい公務の担い手となるはずだ。

他方、市民団体やＮＰＯなどの民が〝官僚化〟する恐れもある。官僚に求められる市民性は、市民団体やＮＰＯの運営を担う役員やリーダーにも求められる。そうでないかぎり、彼らの多くが官僚ならぬ〝民僚化〟してしまう事態は避けられないだろう。

第1章　分権改革と二一世紀の地方自治

市川喜崇

1　分権化の成果と可能性を考える

一九九〇年代は地方分権の時代であった。敗戦直後の占領期を除けば、分権化がこれほど脚光を浴びた時期は他になかったといってよい。従来、分権化を主張するのは地方六団体[1]などの自治体関係者と一部の行財政学者に限られていた。だが、八〇年代末ごろから、政党、財界、マス・メディアなど、それまで分権化に必ずしも熱心でなかった勢力が分権化を主張しはじめ、地方分権をめぐる世論が大いに盛り上がる。こうした世論の支援を背景に九九年七月、地方分権一括法が成立し、二〇〇〇年四月に施行されたのである。その最大の成果は、関与の縮小・透明化であった。

これだけ多くの勢力が分権化を主張していたということは、実は、分権化には当初きわめて多様な意味合いが込められていたことを意味する。そこで、分権化が一定の成果をあげたいま、九〇年代初頭の分権論のうち、何が実現し、何が実現しなかったかについて、確認しておく必要があるだろう。それが、本章のひとつの課題である。(2)

本章のもうひとつの課題は、地方分権の今後の可能性を探ることである。地方分権一括法の成立により、分権化は一定の成果をあげたが、中央‐地方関係の変容は今後も続く可能性をもつ。

それは、第一に、今回の改革には、税財源の移譲や公共事業の分権化など、やり残した課題があるからである。第二に、九〇年代初頭に主張されながらも今回実現しなかった分権論が、今後勢いを取り戻す可能性があるからである。第三に、八〇年代以来、政府の果たすべき機能についての見直しが議論されているからである。政府機能の見直しの動きは、財政再建論議との関連で、今後加速される公算が大きい。この動きが、中央‐地方関係にも一定の影響を与える可能性がある。第四に、少子・高齢化や女性の社会進出の進行によって、福祉国家が新たな段階を迎えつつあるように思われる。これが市町村の役割を増大させつつあるのではないか。第五に、現在、大規模な市町村合併論が取りざたされており、それとの関連で中央‐地方関係が変容する可能性も無視できない。

それでは、まず今回の分権化の経緯について簡単に振り返っておこう。

2　九〇年代初頭の分権論議

冒頭でもふれたように、今回の改革につながる分権論議の盛り上がりは、八〇年代の末ごろに始まった。このころから、マス・メディアが分権化の必要性を盛んに報じ、さまざまな団体が分権化に関する提言を発表している。当時の提言[3]はいかなるものであったのだろうか。

まず、背景にある時代認識から見ておこう。それぞれの提言ごとに違いはあるものの、おおむね、次のような認識が共有されていた。

① 欧米へのキャッチ・アップの終了により、集権体制を維持する必要性がなくなった。
② 国際化に対応していくため、中央政府の従来の国内行政機能について一定の整理をする必要がある。
③ 「ゆとりと豊かさのある社会」を実現するためには、画一性偏重から脱し、地域の多様性を尊重していくべきである。
④ 東京一極集中を是正し、国土の均衡ある発展を図るには、地方分権が必要である。
⑤ 地方分権（「国から地方へ」）は、規制緩和（「官から民へ」）と並行して進められるべきである。

そうした認識を背景に、多くの提言は、次のような分権化を提唱していた。（a）中央政府の機能を限定し、その権限の一部を自治体へ移譲する、（b）自治体に対する国の関与を縮小する、（c）国の財源を自治体へ移譲する、などである。一部の提言はさらに、（d）市町村合併、道州制、連邦制など自治体の大規模再編の必要性を訴えていた。

要するに、当時の提言の多くは、次のような将来像をイメージしていたといってよいだろう。

①合併と財源移譲によって行政的にも財政的にも自立した自治体が誕生する。

②そのような自治体に対する中央政府の関与と支援は縮小される。

③中央政府は地方政府に対して権限を大幅に移譲する。

④その結果、スリム化し機能の限定された中央政府が誕生する。

さて、現実に進行した分権化は、この構想どおりにはならなかった。それは、これとは別の分権モデルが実際の改革過程を主導したからである。しかし、それについては後にふれることにして、ここでは、もう少し、この構想について考えてみよう。

この構想は、一見するとバラ色の中央‐地方関係像を約束しているようにも思われるが、当時の論調には、これをかなり懐疑的に捉える見方もあった。たとえば、右の組合せのなかから財源移譲だけが抜け落ちたらどうなるだろうか。自治体は、中央から移譲された仕事の多さに堪え切れず、結局、行財政を厳しく切り詰めざるをえなくなるかもしれない。

また、右の分権構想は、福祉国家の転換をもたらす可能性もはらんでいた。それは、分権化による国の関与の縮小が、国による福祉国家維持の責任放棄につながる可能性である。現代福祉国家の下で、中央政府は、一定水準のサービスを全国的に確保するため、自治体に対して補助金や通達などによるさまざまな統制を行ってきた。このような、いわゆるナショナル・ミニマムの維持に関する国の関与と支援をどう考えるべきかという問題がある。関与の縮小を考える場合、国によるナショナル・ミニマムの保障と地域の自己決定権との兼ね合いをどうとるかが、常に課題となる。

おそらく、多くの人は、生活保護のような福祉国家の基本的なサービスについては、国による基準の設定と、それを自治体に守らせるための何らかの統制手段、およびそれを確保するための財源保障が必要だと考えているだろう。しかし、他の分野についてはどうか。仮に国による何らかの関与を認めるとしても、それは、どの分野についてどのような形で認められるべきなのだろうか。

実をいうと、今回の分権化をめぐって、地方自治研究者の間で対応が大きく二つに分かれていた。ひとつは、今回の動きを千載一遇のチャンスと捉え、分権化の推進に積極的にかかわったり、外部でその動きを支持した人たちである。もうひとつは、今回の分権化を危険な動きと捉え、これを批判したグループである。彼らの目には、今回の分権化は、財源ぬきの自治体への負担の押しつけであり、また、中央政府がナショナル・ミニマム確保の責務を放棄するものであると映っていた。いいかえれば、彼らは、今回の分権化が反福祉国家的な動きであると捉え、これを警戒し、批判していた(4)。

では、実際に、今回の改革はどのような結果をもたらしたであろうか。

①自治体の大規模再編は、いまのところ実現していない。

②関与の縮小・透明化については一定の成果があった。

③権限委譲は小規模にとどまった。

④税源の移譲はまったく実現しなかった。

また、一部で懸念されたような反福祉国家的な動きや、自治体への負担の押しつけなどは、少なくともいまのところ起きていないと言ってよいだろう。

そこで、次節では、分権化がこのような結果になった理由について、これまでの経過を振り返りつつ、簡単に考えてみたい。

3　分権改革の概要

ところで、今回の改革の特徴を一言で表現すれば、分権化を求める世論を背景に、地方六団体など自治体当局者が望む分権化を一定程度実現したと言えるだろう。たとえば、前記①はまさに地方六団体の望むところであったし、②と③の結果になった背景には、後述のように、六団体が関与の縮小には熱心であったが、権限委譲については必ずしも熱心でなかったという事情がある。④が実現しなかったこと、また②の成果が当初期待したほどのものにはならなかったことなど、不満もあろう。だが、少なくとも改革の方向性としては六団体の望むものであった。

六団体はこれまで、戦後ほぼ一貫して分権化を主張し続けていた。それは、首相の諮問機関である地方制度調査会の答申などに何度も反映されてきたが、そのほとんどが中央省庁の反対に遭い、棚上げにされてきている。それを思えば、今回の改革は六団体にとってきわめて大きな成果であったといえるだろう。その意味で、分権化を求める世論は、結果的にみて、六団体にとって大きな援軍であった。

しかし、以上はあくまでも結果論として言えることである。六団体にとって、分権化を求める世論は両刃の剣であった。既述のように、九〇年代初頭は社会の広範な勢力が分権化を主張しており、そのため、当時の分権論には実にさまざまな意図が込められていたからである。とりわけ、多くの提言が主張していた自治体の大規模再編構想は、六団体にとって決して受け入れられる選択肢ではなかった。

このような不透明な状況ではあったが、衆参両院の地方分権の推進に関する決議（九三年六月）や、政府に地方分権推進基本法（仮称）の制定を迫った第三次行革審の最終答申（同一〇月）が出るに及んで、六団体としても、この流れに積極的に関与することになる。そして、今後の分権論議をリードすることをめざして、共同で提言書をまとめるに至った（九四年九月）。このなかで、都道府県－市町村という現行の二層制の地方自治制度を「当面維持」し、そのもとで地方分権を進めていくという方針が確認された。この方針は、地方制度調査会の答申や内閣の行革推進本部地方分権部会の専門員意見などにも反映されていく。その過程で、自治体の大規模再編論を一時的に棚上げにすることについての、ある種の合意のようなものが成立していったのである。(5)

以上が、大規模再編論が棚上げにされた理由である。次に、今回の改革で関与の縮小が実現し、そ

図1　主要国の地方歳出・地方税収（1995年）

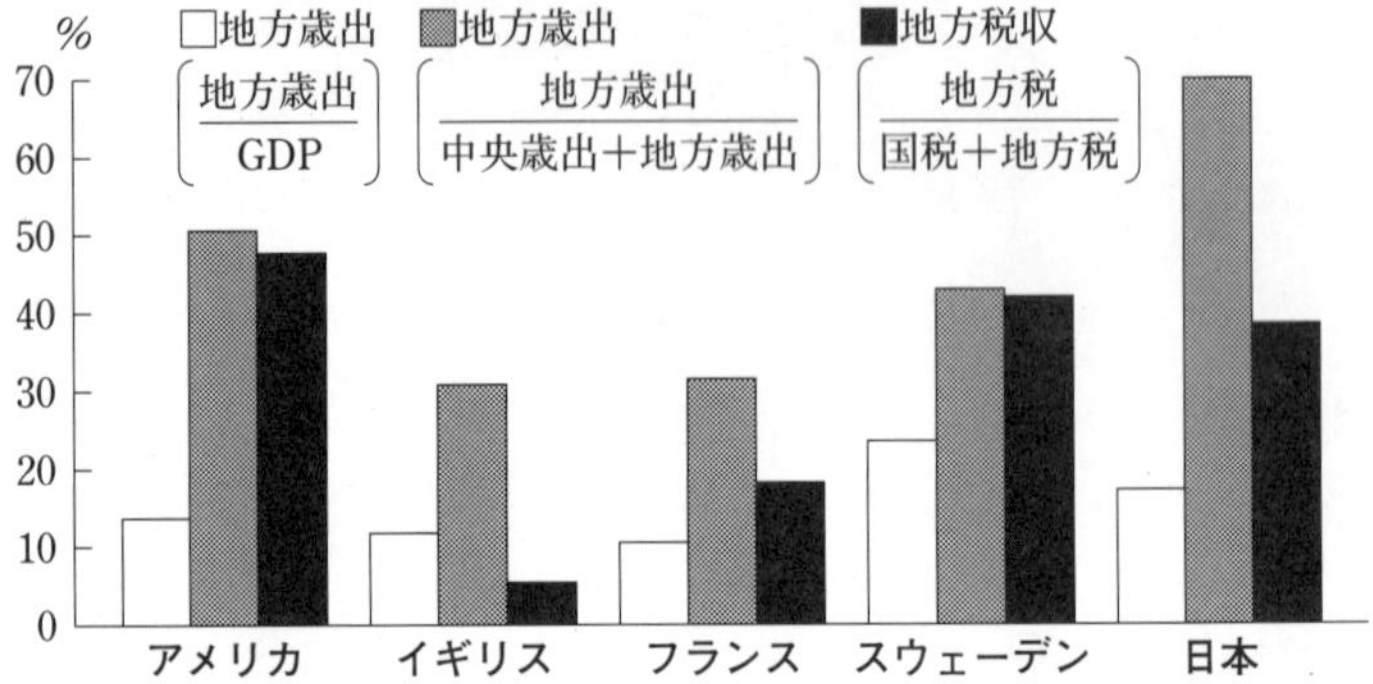

（注）図中のアメリカの「中央」は連邦を、「地方」は州と地方政府を表す。また、イギリスのみ1994年のデータである。
（出典）OECD, *National Accounts*（*1999*）, *Revenue Statistics*（1997）より作成。

の反面で権限委譲が小規模にとどまったことの理由について見てみよう。

まず確認しておくべきことは、日本の自治体は、図1からもわかるように、他の先進諸国に比べて歳出規模がかなり大きいということである。それは、日本の自治体が相対的に多くの事務や事業を実施していることを意味する。しかし、国の統制が強いがゆえに、自治体は、そうした事務の実施について自主性の発揮を大きく制約されてきた。そのため、地方六団体は、国の実施している事務や事業を自治体に移すこと（事務権限委譲）よりも、むしろ、国の自治体に対する統制を減らしていくこと（関与の縮小）を望んだのである（図2参照）。地方六団体も、土地利用や都市計画に関する権限の委譲は強く望んだが、それ以外については、ほとんど要望しなかったという。(6)

それもあって、今回の改革を主導した地方分権推進委員会は、関与の縮小に重点を置いた。(7) その最大の成果

図2　分権化の2類型

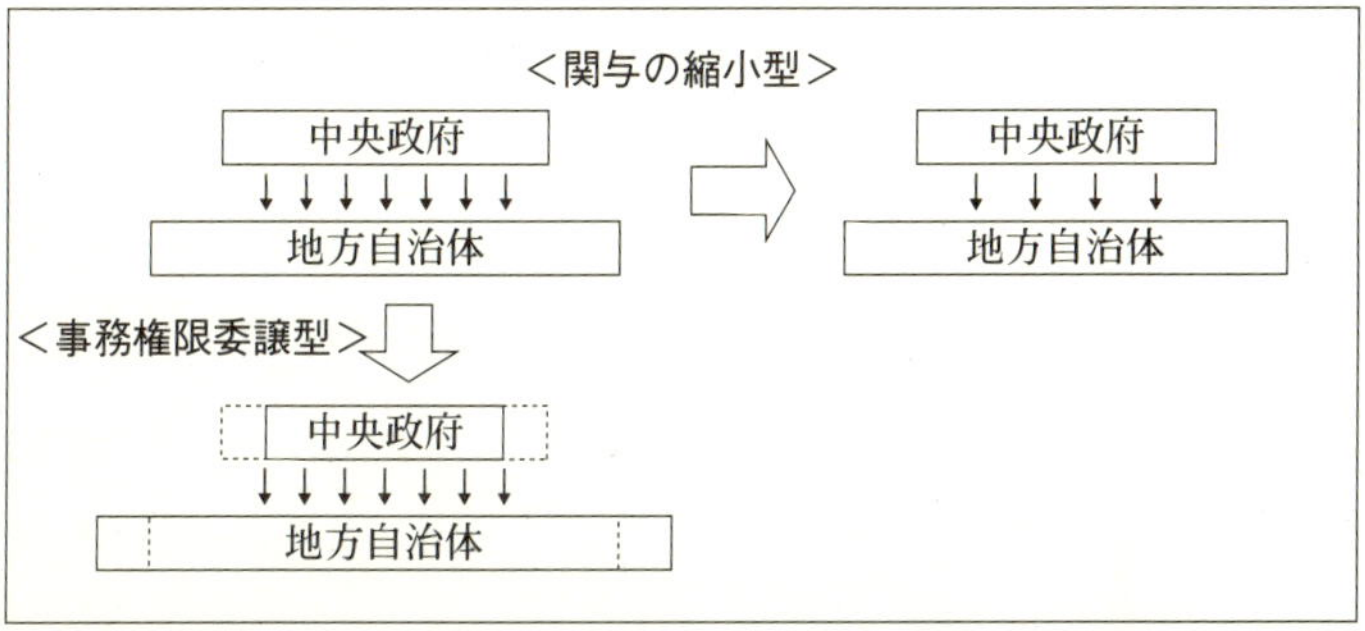

（注）□は実施している事務や事業の分量を、↓は自治体に対する国の統制を表す。

は、機関委任事務制度が廃止されたことである。

機関委任事務制度というのは、国の事務を国の監督のもとに自治体に実施させる事務委任方式である。機関委任事務については、自治体の執行機関（長や行政委員会）は国の下部機関とみなされ、主務大臣の指揮監督を受けるものとされていた。生活保護や建築確認などをはじめ、多くの事務が機関委任事務であった。[8] 今回、この制度の廃止にともない、五六一項目あった機関委任事務が、（ア）事務自体を廃止するもの、（イ）国の直接執行事務に切り替えるもの、（ウ）法定受託事務にするもの、（エ）自治事務にするもの、に四分類された。

（ア）と（イ）には、駐留軍用地特別措置法や地方事務官関係の事務など重要なものも含まれていたが、数からすれば少数である。大部分は（ウ）もしくは（エ）に分類された。地方分権推進委員会は当初、八割程度を自治事務にする意向であったが、中央省庁の「同意」が得られないものもあり、結局、五六一項目のうち約五五％が自治事務になった。それでも、従来と比べれば、関与の縮小はかなり進んだと言ってよいだろう。また、従来、機関委任事務は「国の事務」であったため、地方議会による条例制定権の対象外であったが、今回の改革で、自治事務も法定受託事務もともに「自治体の事務」となる。その結果、原則として自治体の実施するすべての事務が条例制定権の対象となった(9)。

さらに、今回の改革で、関与についての書面主義の原則が確立され、また、国と自治体間の紛争を処理する第三者機関が設置されたことにより、関与の透明化が実現した。これによって関与は「見える」ようになり、関与をめぐる紛争は「見える」ところで処理されるようになる(10)。

一方、税財源の移譲はまったく実現しなかった。地方分権推進委員会は第二次勧告(九七年七月)でこの問題を扱っているが、そこでは、改革の方向性を理念的に提示したにとどまり、具体的な中身に踏み込んだ言及はできなかった。結局、問題は先送りになったのである。

ところで、地方分権推進委員会のやり残した課題は、税財源の移譲のほかに、実はもうひとつある。それは、公共事業の分権化である。分権委員会は、このテーマを第五次勧告で扱った。具体的には、(1)国による直轄事業の縮小と都道府県への移管、(2)補助事業の重点化、などをめざしたのだが、①族議員が強力に反対した、②本音では「集権的」な地域開発体制の継続を求めている自治体が多かったなどの理由により、当初構想から大きく後退した勧告となった(11)。

関与の縮小・透明化の成功と公共事業の分権化の失敗は、際立ったコントラストをなしている。結果論ではあるが、関与の縮小・透明化の場合、国民から見て地味で難解な分野であり、族議員の関心も低く、地方分権推進委員会と中央省庁との交渉の積み重ねによって解決可能な領域であった。これに対して、公共事業の分権化は、こうした交渉方式で解決するには、あまりに「政治的」な課題である。

以上が今回の改革の概要である。[12] 六団体は、九〇年代初頭の分権論をめぐる百家争鳴的な状況を一時的に収束させることに成功した。その過程で、当時有力であった大規模再編論はひとまず棚上げにされた。そして、その後発足した地方分権推進委員会が、六団体の意向に沿い、その支持を後ろ楯としながら、研究者の委員や専門委員などを中心に中央省庁とのおびただしい数の交渉を繰り返し、譲歩を引き出していくことによって、今回の改革を実現させたのである。[13]

4　地方分権の今後

さて、以上の経緯より、何が言えるか。

まず、中央省庁との「合意」を前提とし、交渉によって譲歩を引き出す方式の分権化では、もはやこれ以上の成果は望めないということである。それは、公共事業の分権化の失敗にすでに現れている。今後は、いままで以上の強力な政治的リーダーシップが必要となるだろう。その場合、「政治」によって何を実現していくのか。「政治」が前面に出れば、封印されていた九〇年代初頭のさまざまな可能性が再び表に出てくるかもしれない。また、その場合、六団体の意向に沿うような分権化になる保障はない。

今後のすべての可能性を満遍なく列挙することは、おそらく不可能であろう。そこで、ここでは、筆者の問題関心に沿っていくつかの点を指摘しておくにとどめたい。

公共事業の分権化と税財源の移譲

第一に、地方分権推進委員会のやり残した既述の二つの課題が再度とりあげられるべきであろう。まず、公共事業の分権化である。これを実現できるかどうかは、省庁と族議員の抵抗をはねのけ、また、必ずしも乗り気ではない自治体があるにもかかわらず断行するだけの政治的リーダーシップを発揮できるかどうかに尽きるだろう。最近、ムダな公共事業にまつわる批判が多いが、そうした弊害をなくしていくためにも、公共事業を分権化し、実施と負担の主体を利用者に身近な自治体へ下ろしていくべきだろう。そうなれば、地域住民は、公共事業が自らの負担に見合うだけの価値があるか、厳しく吟味したうえで事業の採択を決めるはずである。

税財源の移譲については既述のとおり先送りとなったが、地方分権一括法の国会審議の過程で、今後の改革にむけての重要なきっかけを得ることができた。宮沢喜一蔵相は、年率二％程度の経済成長が安定的に確保できる状況になったとき、国と地方を合わせた根本的な税財政の改革に取り組む主旨を答弁している(14)。また、この問題について、衆議院の修正で附則が加えられ、政府は、「地方税財源の充実確保の方途について、経済情勢の推移等を勘案しつつ検討し、その結果に基づいて必要な措置を講ずるもの」とされた。

問題は、その場合、具体的にどのような税源を移譲するかである。税源移譲のむずかしさは、税源が地域的に偏在しているためである。所得にしろ資産にしろ、一般に税源となるものは、経済活動の活発さを反映して大都市ほど豊かに存在している。したがって、国から自治体へ税源を移譲したとしても、都市部の自治体ばかりが恩恵を被ることになってしまい、結局のところ、現在以上に都市部と農村部の財政力格差が拡大してしまう。

この問題について興味深い解決策を示しているのが、財政学者の神野直彦らのグループによる地方所得税の構想である。[15] その特色は、所得税を、比例税率部分から上がる税収と、累進税率部分から上がる税収に分けて考えることである。累進税率部分から上がる税収は高額所得者が多い都市部に偏在しているが、比例税率部分によって得られる税収は比較的偏在性が小さい。そこで、彼らは、個人所得への課税について、比例税率部分を地方所得税とし、累進税率部分を国税とすることを提案している。

このほか神奈川県も、自治体間の財政力格差を拡大させずに税源移譲を実現する方策を検討し、九九年一二月に報告書をまとめた。[16] それによると、比例所得税よりも消費税のほうが偏在の度合が小さいという。そこで、移譲する税源は、比例所得税四％（市町村三％、都道府県一％）と消費税二％（市町村・都道府県各一％）の組合せがよいとしている。現在、国と地方の税源配分は、おおむね国六・地方四の割合であるが、これが実現されると、国五・地方五の配分になる。なお、この場合、移譲される金額は約一〇兆円であるという。

補助金・地方交付税の改革

ところで、国から自治体に税源を移譲するといっても、現在のように国の財政状況も厳しいなかで、自治体の取り分がまるごと増えるようなことはありえない。つまり、税源移譲といっても、現在自治体が補助金や地方交付税交付金などのかたちで国から交付されているカネを削り、それに見合う分が税源の形で移譲されることになろう。では、その場合、何をどう削るべきなのだろうか。

補助金は、使途を限定されたヒモつきのカネである。交付税は、いろいろ問題を抱えてはいるものの、基本的には自治体が自由に使える一般財源である。また、自治体間の税源格差がある以上、地方財政調整制度（地方交付税制度）の存在は不可欠である。したがって、やはり削るとなれば補助金を先にすべきであろう。では、その場合、どのような補助金を削るべきか。

補助金（正確には国庫支出金）は、地方財政法によって、国庫負担金、国庫補助金、国庫委託金に分類される。このうち、国庫委託金（地方財政法第一〇条の四）は、国政選挙や国勢調査など、もっぱら国の利害にかかわる事務を自治体に実施させているケースについて、国が経費を全額負担しているものである。問題は、国庫負担金と国庫補助金である。

国庫補助金（地方財政法第一六条）は、さらに、奨励的補助金や財政補給金などに分けられる。このうち、奨励的補助金は、一般に、先進的な政策を国が自治体に普及させ、その促進を図るための支出であると説明されている。だが、自治体による政策開発と情報交流がこれだけ盛んになった状況のもとで、その役割はかつてに比べて大いに低下しているはずである。基本的に廃止の方向をめざすべきだろう。

国庫負担金は、普通国庫負担金（地方財政法第一〇条）、建設事業国庫負担金（同第一〇条の二）、災害国庫負担金（同第一〇条の三）に分類される。

このうち、建設事業国庫負担金は、総合的に樹立された計画にしたがって自治体が実施する道路、河川などの事業に対して国が一定の費用負担をするものである。しかし、社会基盤や公共施設の量的整備が基本的に達成された現在、はたしてこの区分が必要かどうか疑問である。社会保障や公衆衛生的な観点からなお必要な事業については、普通国庫負担金に分類し直すとともに、建設事業国庫負担金という区分そのものの廃止を検討すべきだろう。このことは、先に述べた公共事業の分権化の観点からも必要と思われる。

普通国庫負担金は、自治体が法令にもとづいて実施しなければならない事務で、国と自治体の相互の利害に関係があり、なおかつ、その円滑な運営のために国が進んで経費を負担する必要のあるケースについて支出するものである。国がナショナル・ミニマム確保の責務を果たすべき義務教育や保健・福祉などの分野について支出されている。これについては、範囲の一定の見直しをするにしても、福祉国家を維持する観点から、基本的には存続されるべきであろう。(17)

地方交付税についても、簡単にふれておきたい。最近、交付税制度に対する批判が各所でなされている。(18)交付税をめぐる従来の議論は、どちらかというと、この制度の存続を前提としたうえで、自治体関係者が支出の実態に見合った交付額の算定を求めるものであったり、研究者が自治省による算定方式の妥当性を疑問視したりするものが多かった。これに対して、最近の批判は、この制度が自治体の財政運営上のモラル・ハザードを引き起こしていると非難し、制度自体の廃止や大幅縮減を求めているところに大きな特色がある。

そうした批判のなかには傾聴すべき点も数多い。しかし、筆者には、地方交付税の弊害は、制度そのものに内在する問題であるというよりも、運用にまつわる問題が多いように思われる。ここでとくに問題視したいのは、交付税のいわゆる動態的算定が行われている点である。

地方交付税は、基本的には児童・生徒数や河川延長などの客観的な指標にもとづいて算定されているが（静態的算定）、一部の事業については、「事業費補正」[19]という補正係数の導入によって、現実の事業費を交付税の算定に反映させている（動態的算定）。その結果、一部の補助事業について、補助金をとれば交付税が自動的に増額する仕組みになっている。

これは、高度成長期に積極的なインフラ整備を図るために導入された方式であるが、この場合、自治体はいわゆる「補助ウラ」[20]を工面する苦労が大幅に減少されるため、補助金によるモラル・ハザードの弊害を倍加させることになる。また、最近になると、動態的算定の方式は単独事業にも導入され、「ふるさとづくり事業」などに地方交付税が投入された。この方式は、国の財政難という状況のもとで、自治体の単独事業を国の景気対策に動員するために積極的に活用されてきた。

しかし、これらは、本来客観的な基準にもとづいて配分されるべき地方交付税制度の趣旨に大きく背いており、自治体を財政錯覚に陥らせるという弊害を生じている。動態的算定方式が高度成長期のインフラ整備に果たしてきた役割を仮に評価するにしても、現在では、この方式の利点と弊害を比べた場合、明らかに後者が上回っていると言えそうである。

地方交付税は、財政力の乏しい自治体にも一定水準の行政を保障するためになくてはならない制度である。交付税制度そのものへの信頼性を損なうような運用を是正し、より公正で中立的な制度に改めたうえで、その存続を図っていくべきである。

自治組織権の確立

第二に、「地方自治基本法」が制定されるべきである。[21]

今回の分権改革は、明治維新、戦後改革につぐ「第三の改革」の一環であると謳われた。[22] しかし、現実には、機関委任事務制度の廃止などによって関与の一定の合理化が実現したにすぎない。筆者は、今回の改革の意義を過小評価するつもりは毛頭ないが、少なくとも、第三の改革と言えるほどのものにならなかったことだけは確かである。今回の改革を真に第三の改革にするためには、地方自治に関する理念の改革がともなわなければならないだろう。

このように言うと、おそらく次のような反論が返ってくるだろう。それは、今回の地方自治法の改正でも一定の理念の改革がなされたではないかというものである。

たしかに、今回の改革で地方自治法第一条の二と第二条第一一～一三項の規定が新設された。それにより、国と自治体の役割分担の原則が確認されるとともに、自治体に関する法令の規定やその解釈・運用はこの原則を踏まえるべきこと、および、国は自治体の自主性と自立性に配慮すべきことなどが規定された。ひとつの前進ではあるが、筆者には、これだけではまだ不十分であると思われる。

予想されるもうひとつの反論は、地方自治の理念は、すでに憲法第九二条で「地方自治の本旨」として定められているではないかというものである。しかし、「地方自治の本旨」は、きわめて抽象的な表現であり、地方自治権擁護のために十分に機能する保障はない。(23) つまり、求められていることは、「地方自治の本旨」の具体化によって、憲法上の地方自治権をより豊かにしていく作業である。

では、地方自治基本法には、具体的にどのような権利が盛り込まれるべきか。それは、たとえば、自治立法権であり、自治組織権であり、自治財政権であろう。地方自治基本法には、これらの権利が盛り込まれなければならない。

これらはいずれも地方自治権の重要な構成要素であるが、筆者がここでとりわけ強調したいのは自治組織権である。現行の地方自治法は、執行機関と議決機関の関係、議員定数の上限から、監査委員の定数などにいたるまで、自治体の組織と運営について事細かに定めている。だが、はたして、このようなことまで法律によって一律に定める必要があるだろうか。これらは、自治体ごとに自治基本条例で定めることを許容すべきであろう。もちろん、自治体の標準的な組織と運営を法律で定めることは構わない。それにより、自治体によっては、独自に自治基本条例を制定せず、法律の規定する標準的な組織と運営方式の採用も可能となる。しかし、独自の組織と運営方式を採用したい自治体には多様な選択肢が保障されるべきであろう。

5　福祉国家の今後の展開

二一世紀の地方自治を占うには、福祉国家の今後の展開にも注目する必要がある。そこで、この問題についても簡単にふれておきたい。

今後の福祉国家の可能性のひとつは、福祉政策の対象を「真の弱者」に限定する選別主義的福祉国家[24]の路線である。七〇年代末から八〇年代にかけて盛んであったいわゆる日本型福祉社会論がこの路線にあたる。

日本型福祉社会論とは、要するに、福祉支出の増大を経済活力にとっての重大な阻害要因として捉え、その抑制を図るとともに、その肩代わりを社会の領域、すなわち家族、企業、地域共同体などに求める立場である。八〇年代初頭の日本経済は、現在と違い、先進諸国のなかで最高のパフォーマンスを示していた。日本型福祉社会論者は、その主要な理由のひとつが日本の福祉支出の少なさにあると考え、「英国病」の発症を未然に防ぐには、福祉支出を厳しく抑制していく必要があると考えたのである。家族介護や企業福利という日本特有の利点を活かせば、政府による福祉政策の対象を「真の弱者」に絞り込むことが可能となる。福祉政策の対象者を厳しく限定するという意味で、日本型福祉社会論は、選別主義的な福祉国家像を想定していた。

当時は、「福祉元年」と謳われた七三年度から数年後で、日本の福祉支出がようやく西欧の水準に近づこうとしていた時期であった。日本型福祉社会論は、臨調答申などにも反映され、八〇年代の社会保障支出抑制基調をもたらすひとつの大きな要因をつくったのである。[25]

しかし、九〇年代に入り、日本型福祉社会論は転換を余儀なくされる。[26] ひとつは、女性の社会進出と終身雇用制の揺らぎにより、日本型福祉社会論の支柱であった家族介護と企業福利に依拠することが困難になったからである。[27] もうひとつは、「介護地獄」や「老老介護」の実態が報道などで次第に明らかになってきたことや、高齢者介護政策の立ち遅れが、結局いわゆる「社会的入院」の増大による医療費の増加を招くことなどが理解されるようになってきたためであろう。

その結果、介護保険が導入され、「介護の社会化」が実現しつつある。また、女性の社会進出などを背景として、少子化も深刻な問題となっている。「子育ての社会化」が次の課題となってくるだろう。日本の社会保障政策は、貨幣給付による所得再分配政策から、介護や保育などの現物サービス給付を主体とするものへ、徐々にその重心を移しつつあると言ってよい。[28]

ところで、この新たな福祉国家路線には、従来とは違う興味深い特色がある。それは、サービス供給の担い手が実に多様だということである。高齢者介護の例で考えてみると、ホーム・ヘルパー派遣などの中核的なサービスの場合、公的セクターのほかに民間企業やＮＰＯが進出しているし、配食サービスなど周辺的サービスの部分は、ＮＰＯや地域のさまざまなボランティア・グループなどによって担われている。日本型福祉社会論とは別の意味での「福祉社会」が実現しつつあると言ってよいのかもしれない（第7章参照）。おそらく、このような供給主体の多元化は、今後もますます進行していくだろう。

しかし、それは、必ずしも政府の責任放棄を意味しない。介護保険の例をみてもわかるように、サービスの供給主体は多元的であるが、財源の主たる供給主体はあくまでも政府（もしくは社会保険）である。高齢者介護の中核的なサービスについては、今後とも基本的に中央政府が財源を供給するか、あるいは、少なくとも中央政府が一定の責任をもつ制度によって、財源が供給されるべきであろう。(29)

介護保険は「擬似市場」(30)を成立させるための制度である。それが「擬似」市場であるのは、政府（保険）支出による購買力の付与によって成り立っている市場だからである。それにより、潜在的なニーズがあっても購買力（金銭）がないため市場でサービスを購入できない国民も、サービスを得ることが可能になる。また、それが擬似「市場」であるのは、従来の措置制度と違い、多様な供給主体間のサービス選択を可能にするからである。(31)

もっとも、今後の展開いかんによっては、介護保険によるサービス給付の水準が国民の必要とする水準に達しない可能性もある。その場合、「擬似市場」の領域は狭くなり、その分だけ「家族」や「市場」の領域が広くなる。つまり、国民は、必要なサービスを家族介護に頼るか、別途自力で購入しなければならなくなるのである。自治体によっては、この部分を家族や市場に委ねずに、「上乗せ」サービスに乗り出すところもあるだろう。

では、現在進行しつつある供給主体の多元化は、地方自治に対してどのような影響を与えることになるのだろうか。

供給主体の多元化は、一見すると市町村の役割を減少させるように思われるが、現実にはそうなっていない。むしろ、市町村の役割は格段に増大するといってよい。なぜなら、供給主体の多元化は、地域における多様な供給主体間の調整の必要性を高めるからである。そして、それができるのは、多元的な供給主体を地域レベルで把握しうる市町村だけである。つまり、市町村には、地域のサービス・ネットワークのコーディネーターとしての役割が期待されるわけである。九〇年代を通じて、高齢者福祉に関する市町村の役割はすでに格段に増大したが、この傾向は今後、他の政策領域も含めて、ますます加速されていくにちがいない。

これをプロローグの言葉を借りて論じ直せば、市民セクターの担う公共の役割が増大するからといって、公共セクターの役割が単純に縮小することにはならないのである。むしろ、市民セクターが公共を積極的に担いうる状況が出現したからこそ、公共セクターには、その条件整備をし、市民セクターのもつ可能性を最大限に引き出すための政策が必要とされているのである。今後の自治体には、サービス供給主体としての役割とともに、市民活動の潜在的可能性を引き出す触媒としての政策が求められるようになっている。

現在でもすでに、多くの自治体がＮＰＯに関する政策を実施している。それは、以上の文脈からも理解されうるだろう。そして、各地のＮＰＯ支援センターの設立や運営の形態などからもうかがえるように、市民活動の条件整備のための政策それ自体についても、公と民の多様な役割分担によって実施されようとしているのである。[32]

6　むすびにかえて

今回の分権改革で機関委任事務から自治事務になったもののなかに、就学校の指定があった。[33] つまり、児童・生徒が就学すべき学校の指定が市町村教育委員会の自治事務となり、その結果、通学区の編制などについて自治体ごとに自由に決められる余地が増大したのである。[34]

これを活用して、東京都品川区は、二〇〇〇年度より小学校の選択制を導入した。[35] 品川区には全部で四〇校の区立小学校がある。従来は、ある学区に住んでいれば、原則として一つの公立学校に通うしかなかった。だが、選択制の導入により、区内を四地区に分け（各地区八〜一二校）、地区内の学校であれば親は自分の子どもを好きなところに通わせられるようになったという。[36]

品川区の試みは、公共サービスの分野にも競争原理を導入し、消費者たる住民の厳しい選択の目にさらすことによってサービスの向上を図ろうとする手法であり、典型的な新自由主義の政策である。こうした試みについては、おそらく賛否両論あるだろう。また、導入そのものには賛成だが、もう少し時間をかけて検討すべきではなかったかという意見もあるかもしれない。

筆者は、こうした政策をすべての自治体に強要するのであれば問題だと思うが、それぞれの自治体の判断に任されるのであれば、「地域の自己決定権の拡充」として歓迎されるべきだと思う。もちろん、その場合、地域で十分な議論を経たうえで導入されるべきであろう。こうした手法が有効かどうか、あるいは適切かどうかは、それぞれの地域の状況によって大きく異なると思われるし、また、基本的に地域住民自身が判断すべき課題だと思うからである。[37]

筆者はここで、品川区の試みを賞賛したり非難したりするつもりはないし、そのための情報も持ち合わせていない。ただ、国による関与の縮小が自治体政策の幅を広げるものだという単純な事実だけは確認しておきたい。また、この事例についての評価はひとまずおくとして、このような、自治体による独自の政策追求の試みが活発になっていくことそれ自体については歓迎したい。個々の自治体による多様な政策開発の試みこそが、国全体の政策のダイナミズムを生み出すと信じているからである。

既述のとおり、今回の分権改革の最大の成果は、関与の縮小であった。これは、具体的に国や都道府県の仕事が身近な自治体に下りてくる権限委譲の場合と違い、住民からみると理解しにくいタイプの分権化である。しかし、就学校の指定事務の事例からも明らかなように、国による関与の縮小は、自治体による独自の政策展開の余地を確実に広げているはずである。

今後の注目点のひとつは、今回の改革が切り拓いた可能性を、それぞれの地域がどれだけ現実の政策に結実させていけるかであろう。もうひとつは、地方分権の第二段をどうするかである。今回の改革には、やり残された課題が数多くある。これをどうやって進めていくかである。

冒頭でも述べたように、今後の中央-地方関係の変容をもたらす要因は実に多岐にわたっている。

そのうちの何がどう実現され、何が実現されないかによって、二一世紀の地方自治のあり方は大きく異なったものになるであろう。

(1) 全国知事会、全国市長会、全国町村議会議長会など、自治体の長と議長の団体で、計六団体ある。
(2) 今回の分権化の意義を理解するためには、明治以来の日本の中央‐地方関係の歴史を理解する必要がある。それについては、市川喜崇「中央‐地方関係と分権化」福田耕治・真渕勝・縣公一郎編『行政学』(仮題) 法律文化社、二〇〇一年刊行予定、参照。
(3) 自治体問題研究所編『解説と資料「地方分権」』自治体研究社、一九九三年、および『分権改革に関する答申・意見集』地方自治総合研究所編集・発行、一九九四年、参照。
(4) たとえば、自治体問題研究所編、前掲(3)。
(5) 具体的には、道州制論者の宇野収(関西経済連合会相談役)が、一時的にその主張を棚上げにしたことが大きいようである(西尾勝「制度改革と制度設計」『UP』一九九九年七・八月号)。
(6) 西尾勝『未完の分権改革』岩波書店、一九九九年、一〇五～一〇九ページ、参照。
(7) もっとも、地方分権推進委員会は、後に公共事業について、国の直轄事業を減らして自治体の事業にする「事務権限の委譲」を推し進めようとする。だが、後述のように、これには事実上失敗している。
(8) 従来、機関委任事務は都道府県の事務の約七～八割、市町村の事務の約三～四割を占めると言われてきており、また、そうした理解が学界でも一般にも広く流布している。しかし、現実には、機関委任事務の割合は実はそれほど多くなかったという説がある。ある試算によると、機関委任事務が県の事務全体に占める割合は二割以下であったという（鳥飼顯「機関委任事務に関するいくつかの『通念』への疑問」『都市問題』一九九七年七月号）。

(9) とはいえ、法定受託事務については、現実に自治体が条例によってどの程度の政策的自由度を発揮しうるかは、個別の法令の規定を逐一検討しないと何とも言えないところである。

(10) もっとも、第三者機関にも問題がある。地方分権一括法の審議過程では、国と自治体間の紛争を処理する国地方係争処理委員会に議論が集中したが、筆者には、都道府県と市町村間の紛争を処理する自治紛争処理委員の制度のほうがはるかに大きな問題を抱えていると思われる。この点については、島田恵司「第三者機関誕生の経過と機能」今村都南雄『自治・分権システムの可能性』敬文堂、二〇〇〇年、が詳しい。

(11) 日本行政学会編『公共事業の改革』ぎょうせい、二〇〇〇年、参照。

(12) ところで、九〇年代に実現した分権化は、地方分権一括法の成立だけではない。中核市制度の誕生や保健・福祉事務の市町村への権限移譲なども実現している。そのため、分権一括法のみを切り離して検討するのではなく、九〇年代全体の分権化を検討するという視点が必要である。この点については、市川喜崇「地方分権と住民の課題」福島大学地域研究センター編『グローバリゼーションと地域』八朔社、二〇〇〇年、参照。

(13) 地方分権推進委員会と地方分権一括法について、より詳しくは、高木健二『分権改革の到達点』敬文堂、一九九九年、地方分権推進委員の講演録である西尾、前掲(6)、および、同専門委員でくらしづくり部会長の大森彌による「日本官僚制の分権改革」大森彌ほか編『現代日本のパブリック・フィロソフィ』新世社、一九九八年、参照。また、地方分権推進委員会の委員や専門委員らが勧告を解説したものとして、西尾勝編『地方分権と地方自治』ぎょうせい、一九九八年、が、関係者の証言集としては、松本克夫／自治・分権ジャーナリストの会編著『第三の改革を目指して』ぎょうせい、二〇〇〇年、がある。

(14) もっとも、これは自治体にとって両刃の剣であるかもしれない。国と地方を合わせた根本的な税財政改革の議論は、現在のような財政状況のもとでは、必ずしも地方税財源の充実確保につながるとは限らないからである。

(15) 神野直彦・金子勝編『地方に税源を』東洋経済新報社、一九九八年、一六一～二〇四ページ、および神野直彦『地方自治体　壊滅』NTT出版、一九九九年、エピローグ、参照。

(16) 根本正彦「神奈川県の『税源移譲のシミュレーション報告書』の概要」『月刊　地方分権』二〇〇〇年五月号、参照。

(17) 補助金改革については、地方分権推進委員会の第二次勧告（九七年七月八日）、および「意見」（二〇〇〇年八月八日）も参照のこと。

(18) 吉田和男『地方分権のための地方財政改革』有斐閣、一九九八年、経済戦略会議「日本経済再生への戦略」（一九九九年二月二六日）第二章I－2－(2)など。なお、最近の交付税制度への批判に対する反論としては、兵谷芳康・横山忠弘・小宮大一郎『地方交付税』ぎょうせい、一九九九年、第一章第三節がある。地方交付税制度の全体像については、このほかにも、石原信雄『新地方財政調整制度論』ぎょうせい、二〇〇〇年、参照。

(19) 事業費補正については、岡崎靖典「地方単独事業における地方交付税の利用」『自治研究』一九九九九年一〇月号、二〇〇〇年三月号、八月号、が詳しい。

(20) 一部の例外を除いて、一般に補助金は事業費の全額を支給するものではないので、自治体は、残りを別の財源から用立てなければならない。これを「補助ウラ」とか「ウラ負担」などという。

(21) 地方自治基本法については、自治基本法研究会（代表：篠原一）「『地方自治基本法』を提案する」『世界』一九九八年八月号、および『分権型社会の基本設計』地方自治総合研究所、一九九八年、参照。

(22) 地方分権推進委員会「中間報告」第一章はじめに、一九九六年。

(23) 赤木須留喜『行政責任の研究』岩波書店、一九七八年、第一部第一章、参照。

(24) 選別主義的福祉国家の対語は普遍主義的福祉国家である。これらについては、武川正吾『福祉社会の社会政策』法律文化社、一九九九年、および宮本太郎「比較福祉国家の理論と現実」岡沢憲芙・宮本太郎編『比較福祉国家論』法律文化社、一九九七年、参照。

(25) 武川、前掲(24)、三四ページ。

(26) 日本型福祉社会論が転換しているかどうかは、実は議論の分かれるところである。これについては、新川敏光「日本：日本型福祉の終焉?」岡沢・宮本編、前掲(24)、一七〇～一七四ページ、参照。

(27) 武川、前掲(24)、参照。

(28) 神野・金子編、前掲(15)、iiiページ、参照。

(29) これに対して、配食サービスなど介護の周辺的サービスについての財源とサービス供給のあり方は、地域ごとに多様な選択肢がありうる。また、このほかに、後述のように、中核的な介護サービスの「上乗せ」部分をどうするかという問題もある。これらのオプショナルな（選択的な）部分については、自治体ごとに、市民セクターとの協働などを模索しながら、さまざまな可能性が追求されるべきだろう。この点については、池田省三「介護保険と地方分権」『法学セミナー』一九九八年九月号、参照。

(30)　擬似市場については、広井良典『日本の社会保障』岩波書店、一九九九年、九〇～九七ページ、参照。

(31)　擬似市場が成り立っているのは介護サービスだけではない。医療保険も、擬似市場を成り立たせるための制度である。また、擬似市場を成り立たせるには、必ずしも社会保険である必要はなく、政府支出であってもよい。

(32)　日本のNPOの現状については、山内直人編『NPOデータブック』有斐閣、一九九九年、および中村陽一・日本NPOセンター編『日本のNPO／2000』日本評論社、一九九九年、参照。また、NPOの事例については、山岡義典編『NPO基礎講座』1～3、ぎょうせい、一九九七～九九年、が詳しい。

(33)　なお、就学校の指定の自治事務化は、地方分権推進委員会の第一次勧告（九六年一二月）に盛り込まれた。就学校の指定をめぐる地方分権推進委員会と文部省との交渉の概要については、大森彌「くらしづくりと地方分権」西尾編、前掲(13)、二三三～二三四ページ、参照。

(34)　なお、通学区の弾力的運用は、就学校の指定の自治事務化をまたずに、事実上、九七年一月二七日の文部省の通知により可能になっている（『朝日新聞』一九九七年一月二八日、参照）。

(35)　なお、前注の「通知」を受けて、品川区よりも早く学校選択制や通学区域の弾力化などを実施している自治体もいくつか存在するようである（注(36)の文献参照）。

(36) 品川区の試みについては、『朝日新聞』一九九九年九月二五日、『日本経済新聞』二〇〇〇年八月七日の記事、および『教育』二〇〇〇年七月号の諸論文参照。学校選択をめぐる事例と文献については、福島大学教授の境野健兒氏よりご教示いただいた。なお、学校選択（と親の学校参加）の問題を考えるにあたっては、次の文献が参考になる。OECD教育研究革新センター『親の学校参加』学文社、一九九八年、ウィッティほか『教育における分権と選択』学文社、二〇〇〇年、および、黒崎勲『教育の政治経済学』東京都立大学出版会、二〇〇〇年。

(37) ただ、その場合、現在の教育委員会制度が果たして住民の意思を教育行政に反映させる方式として適切なのかどうかという問題が出てこよう。こうした問題をふくめて、今後の教育行政の課題については、西尾勝・小川正人編『分権改革と教育行政』ぎょうせい、二〇〇〇年、参照。

第2章　市民主導の計画づくり――日野市環境基本計画の制定過程

早川　淳

1　環境基本計画づくりを取り上げる意義と課題

東京都日野市（人口約一六万人）では、一九九四年一〇月二〇日から一一月一九日まで環境基本条例制定に向けた直接請求署名収集が実施され、必要署名数二五六八筆を大きく上回る有効署名数一万五〇四六筆（当時の有権者数の約一二％）を集め、一二月に「日野市環境基本条例」が市に直接請求された。これを受けて招集された九五年一月の臨時市議会で同条例案は、市長が否定的な意見を付けたにもかかわらず継続審査となり、同年九月の第三回定例会で「修正可決」される。その後、応募者全員を採用するという公募方法で集まった一〇九名の市民によって、同条例にもとづく「日野市環境基本計画」の素案づくりが行われ、九九年九月の定例会で議決・策定された。

ここでの問題関心の第一は、条例の直接請求というまさに市民主導（イニシアティブ）の立法が、なぜ議会で修正可決され、条例を運用する市の既存の体制にいかなる影響を与えたかである。

条例の制定または改廃の直接請求制度は、一九四六年に戦後の第一次地方制度改革で導入された、地方自治特有の直接民主制の一つである。しかし、請求された条例の採否の権限が議会だけに委ねられている点に限界があり[1]、これまで全国で実際に可決されたものは全請求の一割に満たない[2]。にもかかわらず、九〇年代後半に入って、各地で住民投票条例が直接請求のうえ実施され、また市民立法機構や市民法制局準備会[3]などの市民団体が結成されるなど、市民が直接制度・政策づくりを担う市民立法への関心が高まっている。日野市の場合、市民の関心をもっとも端的に表しているのは、直接請求代表者の一人である久須美《くすみ》則子さんが経過報告用のレジュメに書いた次の言葉である。

「九四年春、自分たちの暮らしを見つめつつ、自分たちのまちに相応しいルールづくりへの取り組みが、いよいよ始まった。しかし普通に暮らす人々にとって、まちの決まりごと即ち〝条例〟はほとんど無縁のものに等しい。だからこそ、環境問題がどこか遠くのことではなく、私たちの暮らしの問題であること、解決は誰かがしてくれるのではなく、自分でするということ、そして今始めなければならないことを、より多くの人々に知ってもらうことが何よりも大切なことだと私たちは考えた。そして、選んだ方法は『直接請求』」

すなわち、本章の第一の課題は、直接請求という市民立法の意義とあり方を探ることである。

第二の関心は、一〇〇名を超える市民の参加により環境基本計画の素案づくりがなされた「市民ワーキングチーム」方式の意義と課題である。九〇年代後半になって、環境基本計画をはじめとして、一部または全部の公募による大量の市民参加で計画案を作成する手法が全国の市町村に広まっている。(4) さらに、その際、事務局が作成したタタキ台に意見を述べるというレベルを越えて、ときには市民が自主的な団体をつくり、お互いに議論して合意形成することにより、市民が自ら計画の素案を執筆するという動きが始まった。

自治体職員である筆者としては、そこでの職員の役割は何かと問わざるを得ない。日野市の計画は、公募により参加した職員も加わった「庁内ワーキングチーム」が市民ワーキングチームに張りついたことなどにより、市民と職員の協働の産物となった。

この計画策定方式の意義は、策定された日野市環境基本計画の冒頭に掲げられた、馬場弘融《ひろみち》市長の次の言葉に、作業の場での息づかいとともに表されている。

「『日野市環境基本計画』は公募に応じた大勢の市民が、市内を巡り、ほかの市の環境行政を見に行き、資料を集め、議論し、写真を撮り、文を練り、共同作業でつくりあげたものです。市にとっても市民とともに白紙の段階から一緒に考え、つくるというかつてない経験でした。これからの地方自治のありようを示す一つの例となるものと思います」

本章の第二の課題として、市民参加の新たな一手法であるワーキングチーム方式の実態と運営の課題を探ってみたい。理念としての市民参加が当たり前となった今日、市民参加の技術革新が課題となっているからである。

もちろん、二つの課題は、決して別々に論じられるものではない。(5)市報の囲み記事で公募された市民ワーキングチームに一〇〇名以上の市民が応募したのは、市民自らがつくり上げた環境基本条例を生かそうとしたからであった。このように市民が発案・決定から実施・執行にまでかかわっていくことが、単なる役割分担を越えた、市民と行政の協働のあり方だと考える。

直接請求から計画策定までを一括してとらえると、市民、議会、市長、職員がそれぞれの役割を十分に果たしながらも相互に積極的に関与し、プラスの作用を与え合うことによって、結果として役割相乗型の好循環をもたらした事例だといえる。現場での市民と職員の協働をうまく進めるためには、背景にある市長や議会の意向など地方自治全体の動向を見極めたうえ、もっともよい結果が得られるためには各自がいかなる役割を果たし、いかに他者に働きかけるべきかを考えることが重要である。

2　市民立法としての環境基本条例の制定過程

市民主導の条例づくり

日野市の直接請求の特徴は、その対象が個別の事業ではなく環境基本条例という自治体の基本政策にかかわるものであることだ。(6)なぜこのような性格をもったかは、運動の発端の経緯による。

九四年二月に行われた市議会選挙で、日野・生活者ネットワーク（以下、日野ネット）が掲げた八つの政策の一つが、「すべての施策に環境を優先するしくみ」をつくるための「環境基本条例の制定」だった。この公約を実現するため、この選挙で「代理人」として現職の執印《しゆういん》真智子さんを当選させた多摩南生活クラブ生協日野支部、日野豊田支部、日野ネットの三者が同年五月、「環境基本条例制定運動実行委員会」を発足させる。[7] 同実行委員会は、生活クラブ生協が毎年行っていた組合員などを対象としたまちづくりに関するアンケート調査「一言提案運動」を環境の視点で行ったり、環境基本条例に関する学習と条例制定活動の賛同者への呼びかけなどの市民運動を開始した。

これは、環境と開発に関する国連会議の開催（九二年）、環境基本法の制定（九三年）、さらには東京都や世田谷区での環境基本条例の制定（九四年）など、社会の大きな流れを市民側が先取りして日野市で実現しようとしたものであった。次の世代に良好な環境を引き継ごうとする日野市の運動は、将来を予見した政策提言型ということができよう。すなわち、この条例制定運動は当初から市の方針や事業に対して反対するような性格をもっていなかった。[8] これが可決に至った第一の条件である。

直接請求運動は、日野市民がこれまで取り組んできた個別の運動を結集したものともなった。それはまず、六名の直接請求代表者の構成に現れている。すなわち、多摩南生活クラブ生協の日野支部委員長と日野豊田支部委員長に加えて、弁護士、日野・まちづくりマスタープランを創る会代表、浅川勉強会代表、自区内処理を実現する市民プロジェクトのメンバーである。たとえば浅川勉強会は、日野市を流れる程久保川と浅川の合流点で、少なくなった魚類を呼び戻そうと、ワンド（川の水勢によってできる淵や池）を人工的に造ることを提案し、九三年には実現させていた。[9]

また、七〇〇名以上となった署名収集の受任者（署名を集める人）や運動の推進母体となった「市民がつくる環境基本条例の会」（以下、つくる会）が作成したビラに、「市民がつくる環境基本条例の制定をすすめるネットワーク」として名を連ねた個人や団体の多様さにも現れている。注目すべきは、このネットワークの構成員に、当時の森田喜美男市長を支持する会派の市議会議員も含まれていることである。条例が審議された議会では、当時の与党会派の共産党もこの運動を支持していたことが明らかにされている。このように直接請求署名運動の段階で、市政に影響力のある市民団体や市議会議員が含まれていたことが、条例案が簡単に否決されなかった条件の第二である。

直接請求された環境基本条例（以下、市民案）の内容については、つくる会のビラに四点にまとめられている。市民の意図として、引用しておこう。

「1　日野の自然を守るための計画作りを求めます。

環境について具体的な目標（例えば二〇一〇年までに緑化率六〇％）を定めた計画を市民参加によって作ります。　第七条（**環境基本計画**）

2　環境優先の総合行政を

行政には現在、総合的に環境保全を担当する課がありません。専門部局を設置し、たてわり行政をやめ、市の施策や事業を環境優先の行政にしていきます。　第一三条（**総合調整会議**）、第三一条（**日野市環境調査会**）

3　環境に関する市民活動の促進を

市民が積極的に環境保全に参加するために、市長に提案したり、措置請求できる、申し出制度・市民活動への助成措置・情報提供を保障します。第二条（**市民の権利**）、第六条（**市民の申し出**）、第一九条（**民間団体の自主的な活動の援助**）、第二三条（**環境学習等の推進**）

4　市民参加の環境審議会を

審議会の委員は三分の一を公募にして市民参加をはかります。第三〇条（**日野市環境審議会**）」

市長による少数与党の議会運営

地方自治法第七四条第三項では、条例の制定又は改廃の直接請求を受けた自治体の長は、「受理した日から二十日以内に議会を招集し、意見を附けてこれを議会に付議し」なければならない。市民案に対する市長の意見は、九五年一月の臨時議会で助役によって読み上げられた。そこではまず、地球環境問題や市の環境保全に対する取組みの必要性への認識を示し、一万五〇〇〇あまりの有効署名を集めた直接請求運動の推進役に敬意を表している。そのうえで、「市の段階で取り組んでいくには困難なもの」として次の三点をあげ、「法その他との調整を要する」という見解を明らかにした。

①　市民案第一四条（**環境影響評価**）[10]について。すでに東京都が環境影響評価条例を制定しており、「対象規模を下げて実施する場合、別途環境影響評価条例の制定が必要なだけでなく、新たに審査・運用のための行政組織を作らなければならないなど、大きい財政負担の増加」となる。

②　市民案第一六条（**誘導的措置**）第二項[11]にある「経済的負担を課する措置」について。「今までに

ない概念であり」「市が単独でこれを実施することは時期尚早」。

③　このほかにも、「実施が極めて困難」「効果に疑問のある規定」「既に実施しているもの」などが含まれている。

しかし、市長の意見は、環境基本条例の制定そのものに反対したわけではない。直接請求された市民案に反対したものであったことは、意見の末尾の「なるべくはやく、この条例案の基本理念や趣旨を尊重し、本市の（中略）先駆的な施策の発展を目指し、ふさわしい環境基本条例案を策定し、議会に提案したいと考えております」という言葉に表されている。

このような「意見」が付された市民案が、なぜ議会では否決されなかったのであろうか。それには、議会との関係をめぐる当時の市長の政治的支持基盤をみる必要がある。

森田市長は、七三年に初当選した際は、社会党・民社党・公明党・共産党が推薦する革新候補であった。この構図が大きく変化したのが、六選目となった九三年四月の市長選挙であった[12]。このころ、多くの首長選挙で、保守・中道候補に社会党が相乗りする現象が進展していた。日野市も例外ではなく、社会党が保守系候補に相乗りしたため、市民案が審議された臨時議会では、与党会派は共産党（五名）と、社会党を除名された議員が中心となって結成した護憲市民会議（四名）のみ。森田市長は少数与党（三〇名中九名）による議会運営を強いられていた。市長と議会のこの関係が、直接請求条例に市長が反対意見を付けたにもかかわらず、議会が修正可決した第三の条件である。

議会がいかに直接請求を修正可決したか

市民案が審議された臨時議会は、会期を一月一三日の一日とし、実質二時間ほどの審議が行われた。審議は、市民案そのものではなく、前記の市長の意見をめぐって行われた。質問をリードしたのは、後に可決される修正案を提出することになる、連合系会派の市民クラブに属する議員である。

質問の内容は、まず一万五〇〇〇名を超える署名の意義の大きさを指摘しながら、先に書いた市長の意見の①について、環境影響評価を導入するために必要な「組織」と「財政負担」はどの程度であるかという点、②の誘導的措置のなかの「経済的負担」を導入した場合の影響、そして今後の検討の目途についてであった。

これに対して理事者側は、①の「組織」については東京都の環境影響評価室の人数などをあげ、「財政負担」については東京都の環境影響評価条例に定められた対象よりどの程度低い規模の事業まで対象とするのかわからないので答えられないとしている。また②については、外国の環境税の例などをあげ、「大きく税とか課徴金制度というのは、国単位の問題」という認識を示している。今後については、学識経験者や市民などからなる調査会あるいは検討会を設置し、その答申にもとづいて同条例を制定していきたいと回答している。

そして、さらなる質問に答えて、市民案第三条第三項の、市は「事業を実施するに当たっては、環境の保全に関する基本理念を最大限に尊重して行わなければならない」という規定について、前年に策定された市民参加要綱との兼ね合いをあげながらも、「事業をやる前に市の方から市民に問いかけて、こういう事業をしますと、それについて御意見でもお寄せくださいということなら、これは手法としてできる」が、事業の実施の段階での参加は事業を停滞させるおそれがあるとしている。加えて、市民案のなかで環境審議会と環境調査会があることについて、「煩雑になり過ぎて」いると指摘した。こうして議案は総務委員会に付託され、開会中の継続審査とされることとなる。

二月に開催された総務委員会では、複数の請求代表者を呼び、直接話を聴いた。ここでも市民クラブの委員が質問をリードし、直接請求の理由や事業者の活動への負担について、市民の権利意識の過大さ、条例制定の方向性などについて尋ねている。これに対して市民側は、環境問題は市民も汚染者・加害者であるため、市民自身が環境を守るための負担をしなければならないという認識を示した。そのうえで、条例案はタタキ台にすぎず、市長・議会・市民の三者でよりよい案をつくりたいと述べ、むしろ市の独自性を生かした修正を求めている。

その後、総務委員会での審議が続く。六月には、市側からも条例案を出させて、比較検討したいという意見に対して、市民案を優先したい委員から「修正案を出したい。準備が整えば臨時委員会を開いて、九月の本会議で採決させたい」という意見が出て、市民案を優先審議することで固まった。(13) 本会議の場で採決となったのは、第三回定例会の九月二九日である。

総務委員会では、市民クラブの会派からと共産党の議員一名からの二つの修正案が出され、市民クラブの修正案が採択されていた。この本会議では、共産党と護憲市民会議が、市民参加の規定が削除されるなど市民案から後退していることなどを理由に継続審査を求めたが、日野ネット、市民クラブ、民主クラブ、公明党が次々に賛成の立場から意見を述べた。そして、採決の結果、賛成多数で直接請求条例は修正可決された。

すなわち、原案については与党賛成・野党反対、修正案については与党反対・野党賛成というねじれ現象が起こったのである。この結果について、つくる会が作成したビラに名を連ねていた護憲市民会議の橋本文子市議は、こう述べている。

「(環境基本条例の) 仕掛け人は日野ネットのメンバー。ネットの担当者が争点となる条例案の修正を保守系会派と組んで勝手に決めてしまった。その結果、市民参加や市長の請求権などを定めた肝腎のポイントが抜け落ち、条例は骨抜きに。そこで、初めに市長が条例案を拒否したのとは違う立場で、私たちは最終的に反対に回った(14)」

しかし、請求代表者の一人である久須美さんは、次のように語っている。

「身近な緑や清流が年々失われてきている。なんでも市にお任せじゃなくて、市民も街づくりに責任を持つことが大事。たとえ修正の形をとっても市民が提案した条例ができることに意義がある(15)」

では、どのような修正がなされたのであろうか。修正は字句上のものも含めると、ほとんどすべての条文に及ぶ。ここではどの程度市民の意図が実現したかにしぼって、先に引用したつくる会のビラにあった四点を検討してみよう。

1の環境基本計画については、市民案の「定めるものとする」が「策定しなければならない」となって実現している。2の総合調整会議は、第一二条第二項「市長は、市の環境の保全等の施策について総合的に調整し、及び推進するに当たっては、会議の設置等必要な措置を講ずるものとする」となって実現し、環境調査会は削除され、一勝一敗である。3の市民の権利は削除、市民の申し出は実現、民間団体の自主的な活動の援助は削除、環境学習等の推進は実現で二勝二敗、4の日野市環境審議会では、公募委員の比率が三分の一から五分の一に減少し、「公募によるものとする」が「公募によることができる」となって実現している。半分強の実現と言えよう。

3　市民と職員の協働としての環境基本計画の策定過程

従来型の検討からの転換

議会で修正可決されたとはいえ、市長がこの条例を積極的に実施する立場に転換したとは言いがたい。もちろん、可決の翌年の九六年四月一日には施行規則を制定し、第八条の「市民の申し出」制度(市民案では第六条)の手続きなどを定めた。しかし、環境審議会をはじめ多くの施策は実行されないままでいた。市がまず取り組んだのは、条例には規定のない環境行政調査会と環境基本計画検討委員会の設置である。

環境行政調査会は、条例が審議中の九五年四月に設置要綱が作成され、八月に委嘱された市長の諮問機関である。諮問事項は、条例が議会で審議中のため条例の内容にはふれず、環境行政の基本的な考え方やその推進のための行政組織のあり方など、基本的なことであった。発足直後に条例は可決され、調査会は六回の会議と四回の答申起草委員会を開催して、九六年九月に市長に答申している。

答申の内容は、条例の制定を受け、条例にある環境基本計画の理念に重点を置いた提案となった。今後の方向として、①住民参加による環境行政の確立、②環境審議会の活用、③市の環境行政の一元化を検討すべきとし、環境審議会を「市民参加の核」と位置付けている。また、環境基本計画の策定手続きとして、市民一人一人の自覚、主体的参加の重要性を説き、具体的には「公聴会の実施、環境保護団体からの聴き取り、アンケート調査の実施等」があげられている。

実際の市民参加は後に見るとおり、これよりもはるかに進んだものとなる。一〇名中四名の公募（三六名が応募し、公開抽選）による「市民有識者」（設置要綱上の表現）を含む委員自らが文案から起草したにもかかわらず、現実に追い越されたことは、市の従来の体制の限界を示すものであった。(16)

この調査会答申の前月、市は条例施行を受けて、「環境基本計画及び環境配慮指針の策定に当たり、必要な事項を調査検討するため」環境基本計画検討委員会（設置要綱の施行は五月。以下、検討委員会）を立ち上げた。ここには、市長の推薦する有識者四名および公募市民三名（二七名が応募し、公開抽選）のほか、市の部長級職員が三名含まれ、環境基本計画の原案を作成することとなる。

検討にかけるタタキ台としての素案の作成には、委託契約されたコンサルタントと事務局、およびこれを補佐するため環境関連課の中堅職員が集められた庁内ワーキングチーム（以下、庁内WT）があたることとなった。一一月から九七年一月にかけては、基礎調査として市民（対象は無作為抽出二〇〇〇名で、回収九〇二名）、事業者（三〇八事業所で、回収一二七事業所）、さらに児童・生徒（市内小・中学校各一クラスで、回収八二六名）へのアンケート調査が実施された。

体制は整い、素材もそろったように見える。実際、他の多くの自治体の計画づくりと比べれば、これだけそろっていれば十分と言える。しかし、もはや日野市では、これだけでは足りなかった。環境行政調査会や検討委員会に公募委員制度が採用されたのは、九四年三月に策定された「市民参加推進に関する要綱」に基づくものである。[17]だが、抽選による選抜があったため、条例制定運動の推進にあたった人は誰も当選しなかった。ここに公募抽選制度の限界も示されていたからである。

この従来型のやり方が転換するには二つの要素があった。一つは、つくる会のメンバーが中心となって、九七年一月に職員を迎えて環境基本計画を考える市民集会を開催し、「再び起き上がった」[18]市民の動きである。もう一つは、同年四月の選挙による市長の交代である。森田市長は勇退し、共産党を除く六党相乗りの馬場候補が森田市長の後継候補を破って当選した。さらに、新市長の施政方針の三本柱のうちの二つが「市民参画」と「環境にやさしい市政」であったことが、市民への追い風となった。

協働の場としてのワーキングチーム設置

この市民集会の際に、条例づくりを進めた市民は「環境基本計画を考える市民の会」（以下、考える会）を結成した。考える会は、九七年三月に検討委員会の会長の講演会を開催して以降、七月まで毎月一回集会を開催し、フィールドワークやワークショップを行っていく。

検討委員会は設置から一年間で六回開催され、アンケートの内容や計画の策定手法について検討していた。しかし、素案の作成を委ねられた職員は、条例制定の経緯により「通り一遍の市民参加では許されない」という緊張感[19]から、できないままでいた。こうした状況のなか、庁内WTで「この程度の形式的な市民参加ではもの足りない。もっと直接請求に参加した市民の声に耳を傾けて、策定方法を見直すべき」[20]という意見が出て、考案されたのが、「日野市環境基本計画のための市民ワーキングチーム」（以下、市民WT）である。

庁内WTは市民WTの運営方法を協議するため、直接請求代表者に呼びかけて、市民WT準備会（以下、準備会）を開催し、次の点が決められた。①市民WTは全員を公募とし、市報で募集するとともに環境関連団体へも呼びかけ、応募者全員を構成員とする。②募集にあたっては、作業がハードとなり、無報酬であることを明記する。③なるべく多くの人を集めるため、テーマごとにグループ分けする。その資料として、応募はがきに関心のある環境分野を記入してもらう。④グループ分けの仕方は応募状況をみて検討するため、九月末に第二回の準備会を開催する。

もう一つ重要な申し合わせは、分科会の会合や進め方は分科会ごとに市民WTで決め、市民が自主的に運営するということであった。このために設置したのが、分科会ごとに複数選定され、後に重要な役割を果たすナビゲーターである[21]。

こうして予定どおり九月一五日号の「広報ひの」に、「検討委員会で検討する素案的なものをつくる」市民WTメンバー募集の記事が掲載された。応募締切りが募集の一一日後であったにもかかわらず、予想を上回る一一五名が応募。後に辞退した人を除いて、一〇九名が参加した。応募者は二〇歳代から八〇歳代までで、男性が七四名(平均年齢約五〇歳)、女性が四一名(平均年齢約五五歳)である。[22]審議会などに公募市民を入れることは一般化しているが[23]、日野市の特徴は、市民WTの公募に先立って庁内WTも公募したことであった。市民WTの公募にあたって、庁内WTでは七〇〜八〇名の参加を見込んでいた。会議は一五〜二〇名が適当とすると、分科会を五〜七設定することになる。各分科会を三名の職員で担当すると考えれば、最低でも一五名の庁内WTメンバーが必要だ。

募集は、環境基本計画の進捗状況を知らせるため、九七年八月に事務局が発行を始めた「環境基本計画庁内ニュース」の第二号を各職場に回覧するなどして行われた。職種・所属課に制限は設けず、既存の九名に追加する形で六名程度募集という内容であった。これに対して、学校や保育園など、これまでの庁内WTにいなかった職場の職員も含めて七名の応募があり、総勢一六名の拡大庁内WTが発足した[24]。しかし、前述の計算によれば分科会は五つしか設置できない。

市民WTの初会合で配布された資料を見ると、九月の準備会でかなり具体的な話合いが行われたことがうかがえる。「分科会案内」では、五つの分科会は水、緑、大気、くらし、リサイクルと定められ、それぞれ検討課題が例示されている。また、『「日野市環境基本計画」策定作業の概要』では、市民WTの位置付けについて、基本計画のおおもととなる素案を作成するための作業を行うことになった。この素案を検討委員会で原案とし、その原案がこれからつくる環境審議会の審議と議会の議決を経て基本計画となるという流れも示されている。さらに、基本計画の位置付けや構成、推進体制まで具体的に示された。できあがった基本計画では、この大枠は変更されず、日野市の現状や各主体の意図を加えて肉づけしたものとなっている。

初会合では、全体会終了後さっそく分科会ごとに分かれて打合せし、各分科会ごとに四名以内のナビゲーターを決めることとなった。「分科会運営のてびき」によると、ナビゲーターのおもな役割は司会進行、会議内容のとりまとめ、分科会間調整の三つである。また、庁内WT職員には市を代表しての意見を求めたりせず、会議室の確保や資料のコピーなどの補助事務が庁内WTの役割という確認がなされた(25)。

分科会の人数は、一〇月発行の「環境基本計画庁内ニュース」第三号によると、水一八名、緑二五名、大気一三名、くらし三〇名、リサイクル一六名、未定七名となった。

こうして約半年間、市民WTは分科会ごとに突っ走る。分科会を自主運営にしたことで、それぞれの運営方法が庁内WTメンバーも面食らうほどバラエティに富んだものとなった(26)。自主運営によって各テーマごとの専門性や検討の深みは増したが、問題は分科会間の調整であった。しかし、「くらし」というテーマを設定したことにより、次第に「くらし」を中心に四つのテーマがつながっていく。言い換えれば、くらし分科会に、各分科会内および分科会間の意見の相違が集約することになったのである。意見の相違の背景には、環境保護をめぐる考え方の違いがあったように思われる。

できあがった計画では、くらしが総論的な導入の位置を占め、誰もが読んでわかりやすい体系的な構成となった。

役割分担から市民主導の協働へ

事務局の当初のスケジュールは、九八年三月までに内容について一通り協議し、それ以降は全体調整とまとめというものであった。そして、このまとめは職員（とコンサルタント）で行うつもりであった。しかし、走り出した市民はもう止まらない。結局、まとめをし、素案全体を作成するところまで市民WTが行うことになる。すなわち、市民が素材提供し、職員がまとめるという役割分担論ではなく、最後まで市民と職員の協働による作業に転換したのである。いかなる考え方でそうなったかは重要なので、事務局が作成した市民WTの「期間延長について」という文書をもとに見てみよう。

市民WT設置要綱第八条には、市民WTの「設置期間は平成一〇年五月末日までとする。ただし、素案等策定状況により、庁内WTでの協議を経て、期間を延長することができる」とある。期間延長についての意見は、それぞれ次のようなものであった。

「五つの分科会に分かれたのは人数が多いためであり、分業でそれぞれがその分野に責任をもつとの意味ではなかった。お互いに全体を見渡して行くために、相互の調整と意見交換の時間が必要だ。時間的な余裕があれば、素案の完成度を高められるし、基本計画へかかわったものとして、その実行に責任をもつべきと考える。素案または素材提供で基本計画との関わりが絶たれるとは考えにくい」（市民WT）

「公募時に、原則五月に作業終了としている。五月までのつもりでスケジュールを合わせている市民もいる。ここまで作業が進んでいるから、ここで一度区切りをつける必要があるのでは。（中略）

事務局で担うべき仕事の一部を市民WTで担うとはいえ、市民WTの作業期間延長は即全体の策定期間の延長を意味し、一二月議会議決、一〜三月印刷というシナリオは崩れる。できるだけ今年度中に議決を得るところまでは進みたい」（事務局）

しかし、庁内WTは、期間延長を支持した。庁内WT、事務局といっしょに市民WTも素案全体を作成していくほうが、より大きな達成感を市民WTが得られると考えたからである。また、市民WTの力をさらに活用することになり、市民参加の内容も深まる。こうして、以下の点が決められた。

① 九八年八月まで市民WTの期間を延長し、分科会のまとめを相互に調整し、完成度を高める作業をする。

② その後のシンポジウムの開催や検討委員会での意見表明などは、市民WTを引き継ぐ自主組織など市民WTのメンバーをあくまで中心に行い、庁内WTでも検討を続ける。

③ ナビゲーター会を中心に相互調整を図り、かつ全体会を二回程度開催し、全体の意思統一も図る。

④ ナビゲーター会、全体会ともに、市民WTに運営を委ねる。

庁内WTが市民WTを強力にバックアップすることによって、市民が計画づくりに最後までかかわる体制が実現したのである。

その後は、ナビゲーター会、さらには各分科会一名ずつで構成される代表ナビゲーター会が計画づくりをリードしていく。五月ごろまでには事業執筆のための共通の様式（環境特性、施策、配慮・行動すべきことという構成）も決められた。七月ごろまでには各分科会が担当した各論部分はほぼ完成し、全体に共通する総論部分（基本的考え方、推進体制など）を仕上げる段階に達する。

ここでも、多くの部分を市民が執筆した。「基本理念」はリサイクル、「市民参加」はくらし、「環境学習」は水、推進体制のうち「環境情報センター」構想は大気など各分科会が分担して文案を作成し、ナビゲーター会が確認したのである。[27] 八月には最後の全体会が開催され、市民WT案としての素案が完成した。ただし、当初の予定にあった「環境配慮指針」の作成については、市民WTでは手が回らず、職員とコンサルタントで素案に沿ってまとめた。

環境基本計画の実効性を高めるためには、参加した市民以外にも重要な調整主体がある。一つは自治体行政であり、とくに環境基本計画という性格上、環境関連部門だけでなく、多くの所管がかかわる。役所全体をどれだけ動員し、責任をもってもらえるかも、重要な計画策定手法である。日野市では、この庁内調整のために庁内WTが設置され、素案の作成中も各課との調整を図っていた。しかし、素案の完成段階となれば、具体的に各課の要望と市民WT案を調整しなければならない。最終段階では、ナビゲーターが直接各課と交渉することもあった。庁内調整は市長の指示もあり、市民WT案を尊重し、意図が同じであれば文章や表現も修正せず、不足しているところは補うという方針で行われた。この結果、建設残土の有効利用や天水槽の普及などの記述が加わっている。[28]

もう一つ忘れてはならないのが、市民WTには参加していない市民の意見をいかに反映させるかである。日野市では、アンケートのほかに、素案の確定段階で開かれた発表会が重要であった。緑分科会が運営を担当し、日野市と市民WTの両者が主催する形となった「環境基本計画策定のための市民フォーラム」は、九八年一一月に開催されている。このフォーラムで出た意見に関しても、参加したナビゲーターが分科会のメンバーに相談するなどして素案を修正した[29]。

このフォーラム終了後、一一月中には素案が確定し、翌年二月までに三回開かれた検討委員会に付された。ただし、庁内調整の段階から検討委員会委員でもある助役が、市民WTが作成した案を尊重するように職員に指示していたし、会長と事務局も市民WT案を尊重という立場であったために、大きな変更はなく「日野市環境基本計画原案」がまとめられたのである。

議会と事業者も参加した環境審議会

九九年九月の市議会第三回定例会で、日野市環境基本計画はようやく議決される。しかし、直接請求条例が審議された議会に比べれば、基本計画についてはほとんど議論されずに、全会一致で可決された。その理由は、環境基本条例で定められた日野市環境審議会（以下、審議会）の構成にあった。条例第二三条第五項（カッコ内の人数は施行規則）では、こう定められている。

「審議会は、次に掲げるもののうちから市長が委嘱する二〇人以内をもって組織する。①市民四人とし、公募によることができる。②学識経験者（五人以内）。③事業者（三人以内）。④市議会議員（五人以内）。⑤環境の保全等に関する行政機関の長及び団体の代表者が推薦した者（三人以内）」

審議会は各限度人数を最大限活用し、二〇人で九九年二月に委嘱された。市議会議員五人というのは、日野市議会の主要会派（少数諸会派からは日野ネットが入った）を網羅することになる。すなわち、この審議会が事実上、議会の討論の場となっていたのである。

ここで、議員が審議会に入ることの妥当性にふれておきたい。[30] その意義は、よく言えば議会の意見の反映、悪く言えば根回しによる議会の空洞化である。日野市では、直接請求市民案にはなかったものの、議員提案で修正可決された条例の規定により議員が入ることとなった。同条例では、環境基本計画の制定そのものに議会の議決を要するという市民案の規定はそのまま生かしている。このように議決要件があり、議会の意見反映の場が保障されているからには、審議会には議員を入れるべきではなかった。審議会では、条例修正案を提案した会派の議員が、自分の支持勢力との関係から、原案にあった数値目標を削除させる修正を行っている。

審議会には、もう一つ重要な主体があった。それは、日野市商工会の商業部会と建設部会から各一名、市内の大手企業・日野自動車から一名が参加した、事業者枠である。

市民WTは日野市の環境市民団体が総結集したもの[31]といえるが、公募であることから当然、会社を定年退職した人や、市内企業の環境担当者、商店会や観光協会の役員なども、環境に関心をもつ個人という資格で参加していた。個人の資格とはいえ、市民は多くの場合いくつかの立場をもっている。生活者市民といわれる主婦は生計を得ている夫の立場、定年退職者であれば退職前に属していた組織の立場から、良くも悪くも自由ではない。

そこでの情報や技能の蓄積やネットワークを市民活動に柔軟に生かせればよいが、無反省に自己主張ばかり続ければ対話は成り立たない。事業者（企業、法人）市民、生活者（消費者）市民、そして公務員（行政）市民という概念の重要性は、社会のなかでバラバラに活動している主体が、市民活動や公共的な活動を通じてネットワークを形成し、協働できることにある。[32]

しかし、事業者であれ、公務員であれ、市民活動だけでは限界がある。逆に、その属している組織を、市民の視点さらにはネットワークをもって改革していくことに意義がある。審議会では、事業者委員は事業者としての立場で参加している。当然、その場で個人の考えだけでは発言できない。いくつかの議題については、組織に持ち帰って機関討議をする必要があった。これも、審議会を通過するのに時間がかかった要因である。結局、事業者の事業そのものにかかわる部分を曖昧にしたり、事業者がかかえる課題を追加するなどの修正が加えられた。それでも、事業者が参加したことにより、事業者の自主努力や主体的なかかわりが期待できるようになったといえよう。[33]

審議会は、七月まで計五回開催され、日野市環境基本計画は前述のように九月議会で議決された。

4　環境基本条例・計画の制定過程から学ぶもの

議会の修正によって成立した条例の意義

まず環境基本条例については、可決された内容よりも、制定のプロセスが大切であったと考える。直接請求された市民案は、時期的に先んじたという点を別にすれば、内容的には決して抜きん出たものではなかった。すでに制定されていた川崎市や東京都の条例から導入した部分も多く、そのまま可決されても運用できたと思われる。

しかし、逆説的ではあるが、議会が修正したということに意義があった。なぜなら、第一に修正の際の市長部局との調整などで市の既存の体制により適合したため、実現可能性が高まり、市側も運営に責任をもつこととなったからである。すなわち、直接請求でありながらも修正案の可決によって一見矛盾する議員立法の要素を含むものとなった。市民立法の一つのあり方として、議員立法を活用することの有効性が示されたといえる。

第二に、修正によって議会そのものも責任をもつこととなったからである。市民の申し出制度(34)を除けば、日野市環境基本条例のもっともユニークな規定は、環境基本計画の策定に「議会の議決を経」る点である。ここを修正しなかった理由は、環境基本計画に議会も責任をもつという意思表示であったと受け取れる。

議会の議決を要すると法律で定められている自治体の計画は、地方自治法上の基本構想や国土利用計画法上の市町村（土地利用）計画ぐらいである。それさえも、実質的な議決をせず、形式的な報告にとどめている自治体が多い。そのなかで、市民の直接請求によりできた条例で議決を要するよう規定された日野市環境基本計画は、正統性という面で、単なる行政計画を越えた基本計画となっていると位置付けられる。結局のところ、どれだけ広範で濃密な参加を得た手続きを経るかによって、条例や計画の重みは増してくる。日野市の事例は、分権の流れのなかで検討されている自治基本条例のあり方にも、ケーススタディを提供しているだろう。

市民参加の一貫性と職員の役割

環境基本計画については、第一に市民参加の一貫性である。これだけの市民が参加し、最後までやり抜くことができた要因は、条例の制定から市民がかかわったためである。市民WTに参加した市民のなかには、条例の直接請求があったことを知らなかった人もいたそうである。しかし、市民WTの公募の際、考える会が独自の募集ビラをつくって駅前で配布したり、準備会にも市民が参加していたという事実が、市民の責任感と信頼感を高めるのに大いに役立った。直接請求の「請求の要旨」にあった「(私たちは)環境を守る担い手としての『自覚』と『責任』をもち、『していただく市民』から『参画する市民』として町づくりに関わる」というねらいは十分に果たされたといえる。

このように、決定から執行、さらには評価の段階まで市民がかかわることが、市民参加を成功させる秘訣である。しかし、一部の市民が一貫してかかわり続けるだけでは自治体の意思決定として十分とはいえない。逐次公聴会を実施するなどにより、参加していない市民や立場の違う事業者をも巻き込む市民参加手続きの制度化が、今後の課題である。

第二に、市民と職員の協働のあり方である。市民WTを発案したのは職員であったが、発案の段階から市民を交えて運営方法を決めた。市民と職員の関係を比喩的にいえば、初めに職員が敷いたレールの上を、市民WTという列車が走り出したのだ。(35) 各分科会の運営においては、市民が司会や書記など主役の役割を担い、職員は会場の確保、訪問先へのアポとり、資料の印刷・整理など裏方に徹したことが、市民の責任感とやる気を一層かきたてるのに役立った。

さらに、市民が素案のまとめまでやることをサポートしたのも職員である。ナビゲーターを中心に全体調整という未知の航海に船出した際は、役所のどこに行けば適切な調整ができるかなどを示す灯台の役割をも果たした。庁内WTのなかには職員の参加が不足していたと感じた人もいたであろうが、これだけのことを成しとげた市民を支えた意義は強調したい。

最後に、職員の役割について述べておきたい。市民WTは一つの分科会を除いて、おもに土・日曜日に開催された。庁内WTの職員は、ほとんど正規の勤務時間以外に参加したことになる。かえって、勤務時間中に開催された分科会のほうが、参加できる回数の少ない職員がいたようである。まさに公務員市民としての参加であった。このように、本来業務から離れて自発的に参加できた大きな理由は、一部であれ庁内WTの公募が行われたためである。市民と同様に職員も、公募に応じたことにより責任感とやる気が増し、お互いの立場も共通となり、垣根がなくなった。

WTでの職員の役割は、市民に対してはまず正確な情報提供であった。一般に市民参加がうまくいかない理由の多くは、市民が正確な情報をもっていないからである。必要な情報を整理し、わかりやすくかつ的確に提供し、誤った情報は正すことが大切だ。日野市環境基本計画には、巻末に職員が作成した資料の一部が掲載されている。

次に、他の主体との連絡・調整である。庁内調整や他の公共機関などとのネットワークを生かし、直接または媒介して調整にあたることが、重要な役割である。そして、議事録を作成して公開したり、節目節目で公聴会やアンケートを実施して市民間の調整を図ったりする手法の開発が、職員に課された大きな課題であろう。

日野市の事例は、市民にも職員にも大きな負担となったが、それは先駆的業績ゆえの困難であった。今後は、より広範な市民の参加を得るとともに、効率的な運営ができるような市民参加のシステムづくりが求められている。

（1）地方自治総合研究所編著『逐条解説地方自治法I総則―直接請求』日本評論社、一九八五年、二八六ページ。同書には、直接請求制度の沿革が詳しく述べられている。また、直接請求制度の意義に関する最近の論考としては、辻山幸宣「直接請求制度の意義と現状」（辻山幸宣編著『分権時代の自治体職員7住民・行政の協働』ぎょうせい、一九九八年）がある。

（2）『住民投票条例集』東京都、一九九六年、一九ページ。橋本勇「条例の制定又は改廃請求」（園部逸夫編『新地方自治法講座4住民参政制度』ぎょうせい、一九九六年）。また、本書八三ページ参照。

（3）市民立法機構は、びんなどの容器に製造時負担金をかけることでリターナブル容器の普及を図る法案を、生協や経済団体と協力して検討する活動などをしている。市民法制局準備会は、二〇〇〇年四月の介護保険制度の導入をにらんで、各地で総合介護保険条例（仮称）づくりのワークショップを開催し、その成果を橋幸信・堀越栄子・市民法制局準備会編『総合介護条例のつくり方』（ぎょうせい、一九九九年）にまとめた。

（4）高橋秀行『市民主体の環境政策』（上・下、公人社、二〇〇〇年）には、日野市を含む全国の自治体の環境政策について詳細かつ体系的に事例が検討されている。上巻第三章では、これらの事例を「形式的参加・諮問的参加・部分的参加・実質的参加」に分類したうえで、実質的参加のなかをさらに「役割分担型・ワークショップ型・市民自主運営型」に分類している。日野市の事例は、市民自主運営型に位置付けられている。

（5）日野市の環境基本条例制定から計画策定までの経緯については、この計画づくりに密接にかかわった市職員のものも含めて、いくつかの論考にまとめられている。萱嶋信「日野市における環境基本計画策定」（『東京の自治』一九九九年六月号、（社）東京自治研究センター）。高橋秀行「環境政策の形成をめぐる住民と自治体」（今川晃・高橋秀行・田島平伸『地域政策と自治』公人社、一九九九年）。

（6）同じく修正可決された直接請求で、「基本条例」の名称をもつものに、九一年の「東京都新宿区の住宅及び住環境に関する基本条例」がある。

（7）高橋、前掲(5)、一五九～一六〇ページ。

（8）萱嶋、前掲(5)では「従来の対決型、直訴型の直接請求、行政への不信任的な直接請求とは違い、行政への参加型の又は参加宣告としての直接請求であった」ととらえられている。

（9）須田春海編集『環境自治体会議ニュース』一九九八年五月。高橋秀行、前掲(4)上巻、二二〇～二二一ページ。

（10）市長は、市が実施する事業について、市民の参加を得て、環境に及ぼす影響の事前の評価及び評価に則して講ずる措置等の手続を定めることその他必要な措置を講ずるものとする。

（11）市長は、事業者又は市民が環境への負荷を低減させるよう誘導することが特に必要であると認めるときは、経済的負担を課する措置を講ずるものとする。この場合において、経済的負担によって予測される政策効果を市民に明らかにする。

(12)　この市長選挙に関しては、一時社会党の単独候補者として名前があがった芦沢宏生《ひろお》実践女子大学教授の著書『地域学Ⅰ'93日野市長選の実態分析』(尚学社、一九九四年)に生々しく記録されている。

(13)『朝日新聞』一九九五年六月二五日。

(14)『晨』一九九六年一月号、ぎょうせい。ただし、カッコ内は筆者が補った。

(15)　前掲(13)。

(16)　当時の市では、日野市行財政調査会など市長の諮問機関による市政の方向付けが慣行化していた。

(17)　同要綱第三条では、(市民参加できる者)として、①公募に応じた者、②その施策にかかわる市民団体等の推薦する者、③市長の推薦する有識者、があげられている。

(18)　高橋、前掲(5)、一六五ページに引用されている久須美則子さんの言葉。

(19)　萱嶋信・小林寿美子「日野市環境基本計画策定への市民参画の試み」。

(20)　高橋、前掲(4)上巻、二二五ページ。

(21)　市民WT設置要綱では、ナビゲーターは「運営委員(二〇人以内)」と規定され、運営委員会を構成する。運営委員は市民WTの運営を行い、分科会の調整を図る(第四条)。また、市民WTの会議は、必要に応じて運営委員会が招集する(第五条)。

(22)「環境基本計画庁内ニュース」第三号。

(23)　特定非営利活動法人の東京ランポが二〇〇〇年四月に行った「首都圏の市区における審議会・懇談会・委員会等への市民公募委員採用状況アンケート」(回答率九〇%)によると、一都三県の市区のうち約八四％が、九七年度から九九年度の間に何らかの公募市民を採用している。このアンケートの集計結果は、「市民参加推進の仕組みづくりに関する提案――自治体における市民公募委員の実態調査を通じて」（仮題）として、二〇〇一年四月に東京ランポから発行予定。

(24) 一〇月一日に事後的に整備された「日野市環境基本計画のための庁内ワーキングチーム設置要綱」によると、庁内WTの設置目的は「環境基本計画の策定に当たり、庁内各課の調整を行うことにより庁内の意見を反映させ、かつ、環境関連施策の総合的な推進を図るため」となっている。

(25) 萱嶋、前掲(5)、一二二～一二三ページ。

(26) 萱嶋、前掲(5)、二三ページ。なお、各分科会の運営状況については、萱嶋、前掲(5)および高橋、前掲(4)上巻、二二七～二三二ページで紹介されている。

(27) 高橋、前掲(4)上巻、二三五ページ。

(28) 萱嶋信「市民ワーキングチームの成果。活動から学んだこと」『三多摩自然環境センターNEWS』一九九九年三月一日号、四ページ。

(29) 緑分科会ナビゲーターの中尾ひろえさんへのヒアリングによる。

(30) 高橋、前掲(4)上巻、八〇～八二ページでは、環境審議会の問題点として、議員枠について指摘している。

(31) 高橋、前掲(4)上巻、二一四～二二一ページ。ここでは、市民WTに参加した各市民団体のこれまでの活動が紹介されている。

(32) 三つの市民については、本書プロローグを参照。

(33) 高橋、前掲(4)上巻、二四〇ページでは、「市民ワーキングをとおして、市民や市民団体と行政とのパートナーシップが形成されたが、事業者にまで十分浸透していなかった弱点が環境審議会になって出てきた」と指摘されている。

(34) 日野市環境基本条例第八条第一項「市民は、環境の保全等に関し必要な措置を講ずるよう市長に申し出ることができる」。そのほか、北村喜宣『自治体環境行政法』(良書普及会、一九九七年)九六ページでは、日野市条例の特徴として、川崎市と並んで環境権を明示的に本文(第三条)で規定したことが指摘されている。

(35) しかし、条例を作成したのは市民であったので、初めにレールを敷いたのは市民だったともいえる。さらに、その条例を議会が修正することによって実現し、職員が計画策定への一層の市民参加の拡大を図り、それを市民参画を方針とした市長が後押しした。すなわち日野市環境基本計画は、大きく見れば市民と職員ばかりでなく、議会や市長もプラスの相互作用を及ぼし合って策定されたものであった。

第3章　地方議会と住民投票制度——地域政治復権のために

岩崎恭典

1　地方議会・地方政治への低い関心

地方議会に対するイメージ

地方議会（約三三〇〇）と、それを構成する議員（議員定数は約八万五〇〇〇人、各議会の定数削減により実員は約六万四〇〇〇人）について、住民の関心は総じて低いといっても過言ではないだろう。毎年、筆者は大学の地方自治論の講義で、地方議会についての概説の後に、実際に地方議会議員の方をお招きして、議員活動や議会活動の実態について話をしてもらうことにしている。そのたびに事前に学生に対してアンケート調査を実施しているが、一九九九年春の結果（法学部学生一一八名が回答）を紹介しよう。

「『地方政治』『地方議員』のイメージを色で表すと何色でしょうか」という問いに対して、「灰色」と答えた者が三一・四％ともっとも多く、次いで、「緑色」「青色」がそれぞれ一六・九％、「褐色」が一四・四％だった。学生が地方政治や地方議員に抱いているイメージは、「灰色」に代表される暗いイメージと、「緑」や「青」の明るいイメージとに二分されていることがわかる。一方、「政治家の反対語は何だと思いますか」という問いに対しては、「市民・住民」と答えたものが三三・一％、「政治屋」が九・三％となっており、政治家を「政治屋」とは峻別する一方で、市民・住民とは対立する概念として捉える者の多いことがわかる。

このように、法学・政治学を学ぶ学生ですら、地方議員、政治家に対するイメージは、決してよいものではない。

国会や地方議会の実態が、汚職事件に絡んでマスコミによって伝えられる場合が多いことも、こうしたイメージ形成を助長しているのであろう。その結果として、投票率は低下の一途である。すなわち、統一地方選挙として行われた市区町村議会議員選挙の投票率は、一九五一年の九一・四％から毎回低下を続け、九五年の統一地方選挙では五九・六％まで低下した。(1)

法学部の学生であっても、選挙に対する関心は低い。九五年の統一地方選挙直後に法学部学生二三六名（三年生以上、留学生二名を除く全員が有権者）に対して実施したアンケート調査の結果によれば、「投票に行った」という回答は三八・八％にとどまっている。「投票に行かなかった理由」については、「無投票で選挙の機会がなかった」と「統一地方選挙そのものがなかった」と答えた二〇人を除く一一一人のうち、「住民票を移していなかったので現住所で投票することができなかった」三二・四％、「誰がなっても同じだと思う」二七・九％、「興味がなかった」二六・一％だった。投票のための居住要件を失念したことも選挙に参加する意欲のなさの表れとみれば、地方政治に対する無関心さは驚くほどである。

地域政治復権の契機としての地方分権

一方、二〇〇〇年四月の地方分権一括法の施行によって本格的な実行段階を迎えた地方分権は、地域に政治を復活させようとする意義をもつものということができる。すなわち、今回の地方分権改革は、その一つの理念として「地域住民の自己決定権の拡充」[2]を掲げ、この理念実現のために、地方自治体に対する国の関与をできるだけ縮減し（機関委任事務制度の廃止や必置規制の緩和、補助金の見直しなど）、国や他の自治体の関与の際にはその透明性を高め、協議する仕組み（国地方係争処理委員会制度の創設や自治紛争調停委員制度の拡充など）を整えた。

ここにおいて、地域での決定は、国や都道府県によって正統性が与えられるのではなく、自治体住民の意思によってのみ正統性が与えられることになったのである。そのためには、地域住民の自己決定権の拡充手法、すなわち、地域における決定に正統性を与える政治の仕組みの再構築が求められる。その際、近年、住民投票条例の直接請求運動をはじめ、「地域のことは地域住民が直接決める」

を合い言葉とした直接民主主義の手法の活用事例が増えていることに、留意が必要である。

以下、本章では、明治以来の伝統的な間接民主主義制度たる議会制度と、戦後の地方自治制度に導入された直接民主主義の諸制度とをどのように両立させて地域政治の復権を具体化していくべきかについて、「地域住民の自己決定権の拡充」のための多元的ルートの構築という観点から論じることとしたい。

2　第二次世界大戦前の地方議会——現在まで受け継ぐ地方議会の「伝統」

住民すべてが一堂に会して物事を決定するという直接民主主義制度が物理的に不可能であることから、間接民主主義制度たる議会という代議制が生まれた。歴史を振り返れば、「代表なければ課税なし」という有名な言葉で知られるアメリカ独立革命を例にあげるまでもなく、議会が必要とされたのは、民衆に負担を求める際の決定手続きとしてである。すなわち、議会は、①時の為政者の方針・施策に対する異議申し立てと②監視の機関として、また、③決定に正統性を与えるための手続き機関として生み出された、知恵の賜物だったのである。

日本の場合、現在に至る政治風土に過去のできごとが与える影響は、時代の変遷にもかかわらずきわめて大きい。そこで、現在まで地方議会の風土に影響を与えている第二次世界大戦前の地方議会のいくつかの姿について、ごく簡単に振り返っておこう。

異議申し立て運動としての議会と、その活動の制限

日本でも、議会制度は一〇〇年以上の長い歴史を有する。国会は、帝国議会として一八九〇年に開設されたが、地方議会の場合には国会より長い歴史がある。住民の代表からなる議会機能という面に着目すれば、地方議会の機能の淵源は、明治維新直後に求められる。すなわち、国家財政の基盤強化のために採用された地租に対する抗議活動に端を発する、自由民権運動における地方民会である。農民たちは、一方的かつ全国一律に算定された地租に対して、地域の実情に応じた税率設定とその決定手続きに対する参加を求めて、異議申し立てのための組織をつくった。日本においても、「代表なければ課税なし」を標榜した異議申し立てのための運動が地方議会の原初形態であったということは、もっと注目されてよいであろう。

こうした議会活動は、一八七八年の府県会規則や一八八〇年の区町村会法によって、府県会、区町村会という名の議会として正式に認知される（当時、市はなく、区が市に相当していた）。しかし、議会設置の主眼は、国の仕事を地方の住民の負担により実施するための合意調達と、その決定への正統性の付与であった。(3) さらに、開設された地方議会を拠点として、自由民権運動が反政府運動として高まりをみせたため、政府は、地方官という官僚である府知事・県令（県知事に相当）による府県会中止権の拡張や府県会や区町村会が議案を決しない場合の原案執行権の新設など、国の決定に対する地方議会の異議申し立てを制限する方向に向かう。

名誉職としての議員と利益誘導型政治

明治時代の地方自治制度は、帝国議会の開設を規定した大日本帝国憲法発布前後の一八八八年の市制町村制、一八九〇年の府県制・郡制により、確立したとされる。ここにおいて、市町村会議員は、制限選挙（等級選挙制度）によって公民（地租か直接国税二円以上を納める二五歳以上の男子）から選ばれ、府県会議員は郡会議員と市会議員により選ばれる複選制がとられた（一八九九年廃止）。そして、各級議員は、「自治政参加は公民の義務」（市制町村制理由）とされたことから名誉職（無給）とされる。それでも、市町村会は執行機関の長（市町村長）を選ぶ役割を担っていたが、府県会の権能は「官選」知事のもとで著しく制約されていた。

このように、地方議会、とくに府県会は、首長の決定に正統性を与えるためだけの手続き機関として、さらには、首長の翼賛体制としてのみ存在するようになり、異議申し立ての機能はもちろん、首長（執行機関）の監視という機能も、ほとんど付与されなかった。とりわけ、議員が名誉職とされたことは、現在に至るまで、地方議会議員はアマチュアで可とする風土を産み、政治や政策のプロとしての専門職と認知されることを妨げる原因になっている。

国政レベルで政党政治が始まる一九〇〇年ごろから、地方議会でも政党による系列化が進む。それは、主として地方財政面での厳しさのためである。すなわち、ほぼ一〇年ごとに繰り返された戦争の費用を捻出する国税を確保するために、地方税収入が制限された。その一方で、重工業化・軍国主義化を進める過程での社会問題に対する地方団体の仕事が増加したのに対応して、国は義務教育費の国庫負担をはじめとして各種の補助金行政を推し進めたのである。

そして、政党政治によりもたらされた露骨な利益誘導による腐敗が、そのまま府県会や市町村会にも持ち込まれた。こうして普通選挙の実施による政党政治の絶頂期には、各地方議員は系列化による地方団体への補助金分捕りと地元への利益誘導に走り出す。この構造が現在に至るまで続いていることは、もはや多言を要しない。

官吏たる府県知事が議会に対して超越的であったのに比べて、市町村では、首長の選任について議会が主導権を握った（市では市会が推薦した候補者のうちから内務大臣が任命、町村では町村会が選挙）。そのため、とくに財政規模の大きい大都市の議会では甚だしい腐敗が生じた。同様の道を歩んだアメリカの場合、商工業者を中心として市政改革運動（議会改革運動）が展開されて、「政治と行政の分断」が真剣に議論され、シティ・マネージャー制度を生むことになる。だが、不幸にも、日本の場合、戦時体制へと移行するなかで地方団体の権限が縮小され、改革の気運もほとんどみられないまま、敗戦を迎えたのである。

3　第二次世界大戦後の地方議会——新しい袋と古い酒

日本国憲法と地方自治法による位置付け

よく知られているように、戦後、憲法によって直接的に保障された地方自治制度のもとで、地方議会は二元代表原理の一方の担い手として、地方自治体の議事機関と明確に位置付けられる。しかし、憲法と同時に施行された地方自治法は、市制町村制、府県制などの戦前の法律を占領軍総司令部（GHQ）の指示下で取り急ぎまとめたものであった。それゆえ、地方自治体の執行機関に関する規定整備が中心となっている。議会の機能については、国会をイメージして調査権・意見陳述権などを与え、委員会制度を設けたほかは、ほとんど戦前の規定を引き継いだといっても過言ではない。ただ、当初は国会に準じて議員の議案提出権を一人から認めていたことは、注目されてよいであろう。

その一方で、徹底した民主化のために地方自治を充実させようとするGHQの意図を受けて、地方自治法には新たに、条例の制定改廃請求、事務の監査請求、議会の解散請求、議員・長等の解職請求という、アメリカ流の直接請求の仕組みが取り入れられる。ここに、間接民主制度と直接民主制度との並立状況が生まれた。

その後、GHQの要請によるたび重なる改正により、議会については、議員定数の増加禁止、予算増加修正権の明定、百条調査権の強化（出頭拒否、偽証についての罰則を規定。以上、一九四七年第一次改正）、議会議決事件の追加・整理（使用料・手数料、契約など）、議員と長の兼職禁止、議会の特別多数決（拒否権）、都道府県議会への事務局設置（以上、四八年第二次改正）などがなされた。いずれにせよ、占領下で初めて、議会の決定に正統性を与えるための手続き機関としての機能とともに、二元代表原理にもとづく首長の監視機能が与えられたということができる。

高度経済成長と議会の形骸化

日本が主権を回復した五一年以降、GHQ指導下の戦後改革の見直しが進められ、地域開発のための機関委任事務の増加や地域指定の乱発[4]など、経済成長を達成するために自治体が国の指示に従って仕事を進める仕組みが整えられていく。こうした地方自治法の改正に際して、議会の機能については、自治体の組織・運営を簡素化するために制限される方向にあった。

すなわち、自治省の示した解釈によれば、都道府県行政の七割、市町村行政の四割程度を占めるとされる機関委任事務は議会審議の対象にならないとされた。五二年の地方自治法改正では議員定数減が認められ、五六年には議会の定例会が六回から「四回以内で条例で定める回数」へ、常任委員会の数も法定されることにより制限された。五八年には、町村議会事務局が任意設置とされる。そして、六五年には議会の自主解散の手続きが法定された。これは、当時の東京都議会の汚職事件における議会の自浄作用のなさに、議会不信がつのることを恐れて急遽制定されたものである（以後、議会に関する制度改正は、機関委任事務に関する一定の関与が認められた（九一年）以外、ほとんど行われていない）。

一方、自治体行政は潤沢な税収を背景に多様化・肥大化していく。たとえば、住民の生活圏の拡大にともなう一部事務組合・複合的一部事務組合などの広域行政の仕組みや、効率的な事務処理をめざして地方公社や第三セクター、民間委託といった事務処理手法が、整備され始めた。しかし、一部事務組合については個別議会の関与が許されず、地方公社や第三セクターについても議会は間接的な関与にとどまり、民間委託については私法上の契約事項として重要なもの以外関与できないなど、首長の監視機能すら低下していく。

このように、議会の、自治体としての決定に正統性を与えるための手続き機関としての機能と首長の監視機能は、制度的には整備された。だが、肥大化する行政機能と制限された議会の活動範囲のため、十分に活用できなかった。

しかし、それにもまして問題であったのは、議会に与えられた機能を担う地方議会の議員が戦前とほとんど変わりなかったことである。確かに、地方公職の追放（四六年末）と上意下達の組織たる町内会・部落会の廃止によって、一時的に地域の権力構造は変化するかともみえた。とはいえ、依然として地方議員は名誉職とみなされたことから、議員報酬は比較的低額にとどまり、議員のなり手は、町内会・部落会の地区推薦を受けた農林漁業者や商工自営業者、あるいは労組出身者が中心となる。

さらに、高度経済成長期から現在に至るまで、途切れることなく実施されている公共事業によって、戦前と同じような国会議員―都道府県議員―市町村議員―選挙民の系列化が続いてきた。〝お供物（一票）―ご利益（補助金や公共事業）〟構造の強化によって、地域に古くから住んでいる人びとと、土木・建設事業関係者の議員兼業（表向きの兼業は地方自治法第九二条の二により禁止されているものの）が増加していったのである。

マニュアル化した地方議会

こうした地域の権力構造の下で地方議会は、高度経済成長期の歪みとして現れた、公害や過密に起因するさまざまな社会問題に、適切に対応できなかった。住民、とくに都市化が進んだ地域で旧来の地縁・血縁による要望処理ルートをもたない新住民は、住民運動を組織して異議申し立ての運動を始める。その異議申し立て先の多くは、議会ではなく、首長をはじめとする執行機関であった。多くの住民運動は、陳情や請願といった議会に対する働きかけからスタートするが、議会は即応できなかったのである。

その理由は、一つには、各議員はすでに旧来の要望処理ルートの一員としてそれぞれが小さな〝お供物—ご利益〟構造をもち、既得権を守りさえすればよかったため、新しい問題を理解できなかったからである。だが、最大の理由は、議会活動そのもののマニュアル化である。

すなわち、全国都道府県議長会、全国市議会議長会、全国町村議会議長会によって、標準議会規則が五六年ごろに相次いで示されていた（市議会議長会の場合、六六年に全文改正されて以来、今日まで大幅な見直しはされていない）。各議会は、この標準規則をもとに、ときには戦前に由来する独自の慣行・慣例や先例を付け加え、また、テレビ放映される国会運営に範をとった議会運営を行っていたのである。それゆえ、次から次へと起こる地域の問題に対して、本来もつ議会機能を使って有効に対処し得なかった。

新住民は、一つの選挙区から複数の議員を選出する議員選挙に単一の争点を掲げて候補者を擁立することもあった。しかし、地域利害の対立や政党の系列化による困難な選挙を勝ち抜いて当選しても、新人議員は、自治体の新人職員が必ず受ける自治体行政についての研修機会すらほとんどなく、各議会独自の慣行や慣例に習熟することがまず求められる。たとえば、多くの市議会では、「議会の品位を穢《けが》さないように」とスーツの着用が義務付けられている。ある区議会では、新人議員は一定例会につき五分の質問時間しか認められないことになっている。そして、政務調査費や委員会での発言機会を確保するために、意に沿わない議員と会派を組まされたあげく、支援してくれた支持者とマニュアル化した議会活動の間で一人悩むという事例が多くみられる。

このようなマニュアル化した議会運営によって、自治体としての決定に正統性を与えるための手続き機関としての議会機能だけは、本会議などの儀式として整然と進行する。ところが、議会の首長監視機能や首長に対する異議申し立てを通じての審議機能は、非公開であることの多い委員会を中心とした密室での協議となり、住民にとってはきわめてわかりにくいものとなっていったのである。

強い首長と弱い議会の完成

議員の選挙に比べて、行政の責任者を選ぶ首長選挙は、一人だけを選出する。そのため、選挙公約の形で争点がはっきり示される。新住民も若い有権者も、自分の一票が当落を左右し得ることを実感できる。したがって、都市部では、新しい行政手法や公約を掲げた首長の当選が可能である。こうして首長は、次の選挙に備えて、議会に支持を求めるよりも、自己を支持する住民に直接結びつくことを考えるようになる。これが、六〇年代後半から七〇年代前半にかけて革新自治体を生み出した背景である。そして、それらの首長が生み出した政治手法が「住民（市民）参加」と呼ばれるものだった。

住民参加は保守・革新を問わず、首長が支持を得るために有効な行政手法と認識され、すぐに一般化した。議会にとってみれば、決定の正統性の付与という議会機能を迂回するものであるから、「議会軽視」という批判が多く巻き起こる。

これに対して、都市部の議会を中心に、住民のうちの比較多数の信任を得ているという意味で政治的に強い首長が、議会対策として、議会内に支持してくれる与党と対立する野党とを色分けする傾向が顕著になった。これまでも、政策面での政党による与党・野党の色分けはあったが、地域の生活問題についての与党・野党の色分けは、つまるところ、首長に対する利害の濃淡でしかあり得ない。

確かに、政治的に強者である首長には、予算編成権、議会の議決に対して再度の審議を求める再議権、緊急でやむを得ない場合に議会に代わって首長が自治体の決定を下す専決処分など、自治体の意思決定のための「強い権限」はある。一方、地方議会も、不信任決議や百条委員会など対抗し得る権限を有している。ところが、議院内閣制という基本原理が異なる国会を模倣して、二元代表原理にもとづくはずの地方議会を運営し続けてきた。そのため、首長を支える、あるいは支えないという与党・野党関係がすべての判断の基準となり、議員個人を選んだ住民の意思を判断の基準としているとは決していえなくなってきた。

もちろん、議会への住民参加を進める必要性は議会でも論じられたが、具体的な改革の動きに結びついたわけではない。むしろ、行政改革の一環としての組織見直しの際に、なぜか議会が率先して、議員定数の削減を実施する傾向にある。これは、議会自らが機能していないことを表明するものであるともいえるし、強固な支持母体をもつ議員だけが生き残るためのものであるといってもよいであろう。その結果として、冒頭の議員数に示したように、定数の約四分の一が削減されたのである。

4　住民投票の登場

直接請求制度の概要

間接民主主義の制度的装置たる議会は、住民の意思を反映、代弁していないのではないか。住民の議会に対するこうした不信感が、「地域のことは地域住民が直接決める」を合い言葉とした近年の直接民主主義制度の活用につながっていることは、まぎれもない事実である。

すでに述べたように、直接請求制度に代表される直接民主主義制度は、アメリカの強い影響下でつくられた戦後の地方自治法で初めて盛り込まれた住民の権利である。具体的な直接請求のカタログとしては、地方自治法には①条例の制定改廃の請求（第七四条）、②事務の監査の請求（第七五条）、③議会の解散請求（第七六条）、④議員、長等の解職請求（第八〇条、第八一条）があり、市町村の合併の特例に関する法律（市町村合併特例法）には⑤合併協議会設置の請求（第四条）がある。また、諸外国で多く採用されているレファレンダム（直接表決）としての住民投票は、憲法第九五条で⑥一の地方公共団体のみに適用される特別法（広島平和記念都市建設法、旧軍港市転換法などがあるが、事例はきわめて少ない）のみが法定されている。

これらの制度は、戦後新たに住民が得た権利である。ただし、歴史的にみると、直接請求制度の制定直後、当時存在した電気ガス税などの地方税に対して住民の負担軽減を求める条例の制定改廃請求が頻発し、地方議会が混乱したため、地方税や使用料・手数料等の賦課徴収は直接請求の対象からはずすこととされた（地方自治法第七四条但書、四七年）経緯をもつ。

当時の国会の議論では、「それらの税源は経費として必要であるから議会で否決するに決まっている。それを直接請求するのは時間と経費の無駄である」と述べられている。(5) この決定により、住民は、受益と負担の関係について真剣に考える機会を失ったといわなければならない。一方で、制度発足直後の請求の乱発が、直接請求制度の活用そのものを住民エゴと捉える見方を助長したことも事実である。

これはまた、直接請求の成否にも反映している。四七年から九五年の間に、④議員の解職請求は、全国で二四二件中、投票前に辞職したケースを含めれば一二二件と半数以上が目的を達成した。また、④長の解職請求は、五六五件のうち、投票の結果解職八五件、辞職一二〇件、③議会の解散請求は、四〇三件のうち、投票の結果解散九九件、総辞職七四件と、請求総数の四割程度が所期の目的を達成している。これに比べて、①条例の制定改廃の請求は、議会に付議された一〇七一件のうち、議会で修正も含め可決されたのはわずか一一九件と一一％にすぎず、大半が否決されている(6)（なお、⑤については後述する）。

議会が高いハードルとなる住民投票

条例の制定改廃の請求や合併協議会設置の請求は、議会の過半数の賛成というハードルがあるため、議会での多数派工作が必要となる。このことから、自治体の意思決定に直接住民が参加しようとする住民投票条例の直接請求は、間接民主主義による住民の代表を標榜する議会を辛抱強く説得していかなければならない。

地方議会で議決に付された住民投票条例案は、七九年（東京都立川市での「立川基地跡地利用についての市の態度決定に関する市民投票条例案」）以降に限った場合でも、一二五件以上にのぼる。しかし、このうち議会で可決・成立した条例案は二〇自治体にすぎない（二〇〇〇年一二月現在）。実際に住民投票の実施に至ったのは、市町村レベルでは、九六年八月に実施された新潟県西蒲原《かんばら》郡巻《まき》町における原子力発電所の建設の是非を問う住民投票、都道府県レベルでは、翌九月に沖縄県で行われた米軍基地の存否を問う県民を対象とした住民投票が初めてである。

このように最初の住民投票は、エネルギーや米軍基地という国策に関して実施された。また、有権者総数に占める絶対得票率は、二つの事例ともに約五四％である。このため、国策に対する異議申し立てとしての意義は認めつつも、「イヤなものはイヤ」という意思表明は逆に「イヤなもの」を他に押しつけるだけではないのかという疑問が呈された。さらに、二〇〇〇年一月に実施された徳島市の吉野川第十堰《ぜき》可動堰改築の是非をめぐる住民投票は、可動堰改築推進派の投票ボイコットもあって絶対得票率が五〇％を下回り、「流域の一部自治体住民の意思にすぎない」とう批判にさらされたりもした。

しかし、巻町の原発建設は事実上凍結され、徳島市の場合は、公共事業の見直しにつながっている。住民投票の結果は、首長の判断を政治的にしばり、その社会的な影響は無視し得ないものとなりつつある。

住民投票が注目されるのは、議会への批判の裏返しだからである。住民投票推進派は、四年に一回の議員選挙の際に、個別の論点まで議員に賛否の責任を預けたわけではないという。その前提にあるのは、議会は地域の代表として、また個々の政策のプロとして機能していないとの不信感である。これまでなされてきた、首長や議員の解職請求や議会の解散請求についても、その多くは、首長や議員の資質・適格性を問うことによって、特定政策についての住民意思を反映させるという住民投票制度の代替として活用されてきたといってよいであろう(7)。

一方、住民投票否定派は、住民投票は、議会や首長の自治体の意思決定という権限を侵害し、自治体行政としての一貫性や総合性を損なうとし、僅差の結果は地域にしこりを残し、事態を硬直化させるだけであると批判する。だが、その根底には、マスコミなどの報道により、アマチュアたる住民に冷静な判断は期待できない、という思いがあるようにもみえる。

こうした両者の対立は、基本的には、議会が自負する政治のプロフェッショナリズムと、議会不信にもとづく住民の政治に対するアマチュアリズムの発揮の場の要請の対立といえるだろう。しかし、すでに述べてきたように、議会が自負するにもかかわらず、議会は政治のプロとして機能してこなかった。このことを確認したうえで、実施された住民投票について注目すべきは、これまで実施された住民投票が、多様な条例により実施されている点である。

巻町の場合は、公職選挙法の適用除外とした結果、投票に至る過程で、住民が一票を投じるために学習する機会をもつことができた。戸別訪問やパンフレットの配布が可能であり、討議や情報の提供が容易であるわけで、住民が地域の問題を真剣に考える機会がもてるというメリットを見過ごせない。徳島市の場合は、投票率五〇%未満の場合は開票しないという条項を設けた。また、条例のつくり方によっては、二〇〇〇年一二月現在選挙権をもたない在日外国人や二〇歳未満の住民にも投票機会=学習機会をつくることができる。住民投票のテーマによっては、自治体としての意思の最終決定にも、あるいは首長や議会の判断材料を提供する諮問的な意味合いをもたせることも可能である。

このように、すでに住民投票を受け入れた議会は、政治のプロとしての内実を示すために、地域実態に応じた住民投票制度の設計を行っている。そして、それが、条例づくりという、議会が本来もつべき機能を再構築するきっかけになっていることは明らかであり、議会と住民投票はこの点で並存すべきものなのである。

市町村合併と議会・住民投票

今後しばらくの間、議会が住民の意向の反映という観点でもっとも知恵をしぼらなければならないのは、市町村合併についてであろう。

国は、市町村合併特例法の九九年改正で「合併協議会」の設置請求の場合には、首長が議会に付議することを義務付けた（第四条）。しかし、全国で八七件あった請求のうち、七割以上の六一件が議会で否決され、立ち消えとなっている（二〇〇〇年一二月現在）。そのため、二〇〇一年には、市町村合併のための住民投票制度を導入することを目的とした市町村合併特例法の改正を検討している。

確かに、全住民に関係がある市町村合併は、住民投票にもっともふさわしいテーマである。しかし、現在の国の案では、合併賛成か反対かを問うだけであり、住民投票がもつ最大のメリットである、投票に至る過程での住民の学習の機会が失われかねない。

そこで、仮に住民投票を実施するとすれば、多少のコストはかかっても二つの段階に分けた実施が、もっとも望ましい方式と考えられる。すなわち、まず、合併の検討を進めるための任意の合併協議会を設置することの可否についてだけ住民投票を行う。そして、任意の合併協議会での検討結果を議論の素材として公表したうえで、合併手続きとしての「法定合併協議会」に移行するかどうかを第二段階として行うのである。

また、住民投票は、義務付けるとしても、その内容は、合併対象市町村が独自に検討できる必要がある。たとえば、合併後の新しい自治体を担う住民にも意見を聴くべきであれば、二〇歳以上の有権者に限る必要はないであろうし、賛成・反対の戸別訪問も自由になされてよいであろう。投票率が過半数を超えなければ開票しないとしてもよい。あるいは、住民が利益誘導に惑わされる懸念があるというのならば、公職選挙法のもとで実施することも可能というような、自由度の高い規定とすべきであろう。

このような住民投票の規定であれば、議会は、地域に即した条例をつくることが試され、市町村合併の全手続過程において、「住民の自己決定権の拡充」をめざした地域政治復権の筋道が明らかになっていくであろう。

5　地方議会の改革方向

地方分権改革と議員の新しい動き

残念ながら、今回の地方分権改革のメニューにおいて地方議会の改革はまったくふれられていないといってよい。「地方分権推進計画」では、全体で四四三ページのうちわずか一ページが議会改革の重要性についてふれているだけである。具体的に地方自治法改正に盛り込まれたものは、議案提出権や修正動議の発議に必要な人数を八分の一以上から一二分の一以上へと緩和したこと（第一一二条）と、議員定数について従来の法定数より少ない人口区分ごとの上限を定めたうえで条例で定めることとした（第九〇条、第九一条）、わずか二点にすぎない。

その後の地方自治法改正（二〇〇〇年五月）でも同様である。①地方議会の意見書提出先に省庁だけではなく国会を追加した（第九九条）、②常任委員会数の人口による制限を廃止し、設置の根拠を条例におくこととした（第一〇九条①）、③議会の政務調査費の透明化を図ることが定められた（第一〇〇条⑪）程度である。地方分権に対応した地方議会改革は、個々の議会の自主的な努力に任されているといっても過言ではない。

実際、機関委任事務の廃止にともなって、議会の関与できる範囲は大きく拡がった。法定受託事務についても、自治体の事務である以上、条例制定など議会の関与は認められる。さまざまなまちづくりの場面で自治体が独自の判断を下し得る場面が多くなった。議会が首長の監視とともに決定に正統性を与えるための手続機関としての役割を十分に果たすことができる、外部環境が整ったのである。

幸い、七〇年代後半以降、都市部を中心に、生協活動や環境保全活動はじめさまざまな住民運動団体が自らの代表を議会に送り込もうとする動きが目立ち始めた。定数削減にもめげず、平均年齢六〇歳といわれる議会に、鮮明な問題意識や特定の課題を訴え、新住民層の広範な支持を得て当選する若い議員も目立っている。

こうした議員は、地方議会特有の慣行や慣例、そして、自治体議員の研修の場すらほとんどないことに疑問をもち、地方議会を改革しようとする議員同士のネットワーク化を進めている。たとえば、九三年に「自治体議員として政策の立案能力の研鑽」を目的として結成された「地方議員政策研究会」（略称ローパス）や、九六年に結成された、議会改革を実践する「開かれた地方議会をめざす会」、団塊世代の議員が中心となった活動から始まり、主として環境問題から地方の政治改革をめざす「虹と緑の五〇〇人リスト・運動」などの動きである。(8)

また、二〇〇〇年一一月に成立した「公職にある者等のあっせん行為による利得等の処罰に関する法律」いわゆる「あっせん利得処罰法」は、国会議員のみならず、地方議員や首長が口利きなどの見返りとして報酬を得ることを禁じ、有罪が確定した場合の罰則として選挙権五年間と被選挙権一〇年間の公民権停止、三年以下の懲役を科すものであり、地方議員の資質向上に役立つであろうことは間違いない。

ここにおいて、議会改革もようやくその主体となる議員を得て動き出しつつある。

地方議会改革の基本的視点

地方議会を改革するための基本的な視点は、憲法にもとづく二元代表原理に立ち返ることであろう。すなわち、憲法が期待する二元代表原理の一方の柱としての議会は、「地域住民の自己決定権の拡充」のために何ができるのか、という視点である。

この視点からただちに導き出されるのは、国会と地方議会とは原理が違うという点である。にもかかわらず、地方議会は相変わらず国会の真似に終始する場合が多い。

すでに多言は要しないが、憲法では、国政については、行政権の担い手である内閣が国会に対して連帯して政治責任を負うと規定（第六六条③）され、内閣総理大臣を国会議員の中から国会の議決で指名する（第六七条）ことから、内閣の存立が民意を反映する議会の意思に依拠するという議院内閣制を採用している。これに対して、地方自治に関しては、議事機関としての議会の議員と長を直接選挙で選ぶ（第九三条）という二元代表原理を用いている。このように、国会と地方議会とは、憲法によって与えられた役割がそれぞれ異なっている。

にもかかわらず、地方議会の運営は、国会に類似したものとなっているのである。すなわち、ほとんどの地方議会では、首長を支持する議員と支持しない議員が、首長与党と野党に分かれて争う。首長も自身の政策を通過させるために、議員選挙の際の推薦などにより議会内に支持勢力をもつことに意を用いがちになる。これが、議会のチェック機能の低下をもたらしていることは確かである。その典型が、オール与党体制となった地方議会だ。そのもとでは、議会のチェック機能の低下により首長の緊張感が薄れ、しばしば汚職事件が起こる。

地方議会は、本来の二元代表原理の趣旨を活かし、議会総体として、首長とどちらが民意を反映しているかを争うことができる仕組みに変えていかなければならない。

地方自治法改正の課題

したがって、最終的にめざすべきは、地方議会の基本的な位置付けが国会と違うことの明確化である。すなわち、自治体の組織や財政構造が国レベルの行政組織や財政と異なっていることは、地方自治法と国家行政組織法、地方財政法と財政法のように、各法によって明確にされている。そして、今回の分権改革によって、地方自治体の執行機関については、法による規制が大幅に緩和された。

ところが、地方議会については、議員報酬だけは各自治体で定め得るものの、議員定数や議会の運営、議会事務局の組織などについては、全国画一的に地方自治法と拘束力のない標準議会規則とによってしばられている。同時に、議員の選出方法については、国会議員と同一の公職選挙法にしばられている。

そこで、地方自治法、地方財政法、公職選挙法など関連諸法を改正するように、各議会が働きかけを始めるべきであろう。地方自治法における議会の規定は、設置根拠を与える程度の最小限にとどめる。そして、議員の選出方法や定数、任期、議決事件の基準、議会事務局のあり方、また、全国一律に定められている直接請求要件の人口規模による要件の緩和などは、議会が、地域の実情に応じて条例で決められるようにする。これらは、これまで分権について有力な支持母体となってきた全国都道府県議会議長会や全国市議会議長会、全国町村議会議長会が、今度は議会に対する国の関与の縮減の問題として取り組まなければならない課題のはずである。

とはいえ、法改正に至る道程は長い。一方で法改正を働きかけながら、他方では、住民投票条例の制定で示したように、議会が条例づくりが可能な間接民主主義の実践機関であることを実績で示していく必要がある。

その第一歩となるのは、議会の情報公開であろう。現在、市町村議会では、多くの議会が情報公開条例における実施機関になっているが、都道府県議会では少数にとどまっている。しかし、議会活動のなかに住民に対して秘密にしなければならないことがあること自体、不可思議である。議員個人の情報はともかく、議会に対する信頼を確保するためには、政務調査研究費の使途をはじめとして議会活動の情報を開示する必要性はきわめて高い。

議会を情報公開の実施機関とする場合、不服申し立ての諮問機関（審査会）をどう設置するかが問題となる。二元代表原理の原則からいえば、議会が執行機関とは別に独自の条例をつくって実施機関となるとともに、審査会も執行機関のそれとは別に独自に設置する必要があろう。現行地方自治法では、議会に付属機関の設置は認められないとする見解が有力であるため、執行機関の審査会に任せる例が多い。だが、議会が中立性・公平性の高い審査会を独自につくる試みは、議会の独立性の観点からさらに検討されるべき事項である。

議会の議事の公開も必須である。本会議のみならず、実質的な議論がされる委員会の傍聴も、公開を原則とすべきである。議事録をとらず、秘密会として実質根回しの場となるために多用されている全員協議会や委員会協議会は、逆に制限すべきであろう。

また、議会広報や議会審議における参考人制度の活用、住民から提起された陳情・請願をはじめとする各種審議日程の当該住民への通知、さらには議員個人の議会活動報告などの手段により、議会活動を住民に理解してもらう努力が必要である。それでも、低い投票率など「住民の議会離れ」が止まらないのであれば、それは「その程度の住民」であるにちがいない。ただ、現状では、議会の住民を引きつける努力が決定的に足りない。

執行機関からの独立の努力と地域政治の復権

ほかにも議会改革の課題は多いが、なかでも執行機関からの議会・議員の独立の努力が重要であろう。二元代表原理にもとづいて、首長とどちらが住民の正統性を確保しているかを論じるためには、まず、議会や議員の活動を支える議会事務局の充実が必要である。現在、市議会事務局の平均職員数は約九人、町村議会では約二・六人にすぎず、首長部局から出向し、任期も短い。これでは、執行部の監視・批判という議会活動を支え、議会独自の条例づくりを手伝う専門家としての事務局機能は期待できない。それだけに、議会事務局として独自のスタッフを抱える必要性は高い。

小規模町村の場合は、議会事務局の共同設置や共同採用が、ある程度の規模以上の市の場合は、議会としての独自採用が考えられるべきであろう。地域には、退職後も在職中の知識を活かし得る多くの人材がいる。そうした人びとを、議員のみならず、議会事務局の活動に取り込んでいくことが必要なのである。

また、地域政治の復権という観点からは、議員は、首長部局の計画策定過程や首長の諮問機関としての各種審議会への参加に禁欲的であるべきだ。多くの場合、議会からの参加は、事前の根回しとしての効用が期待されている。しかし、議会は、改めて別の観点から報告を求め、審議すべきである。それが、住民に多元的な異議申し立てのルートを確保することにつながる。

したがって、各種計画の策定過程や審議会への参加はできるだけ避ける一方で、これまで報告事項とされてきた行政計画などを条例化することにより、議会で審議する場をつくっていくべきであろう。執行部は、多くの場合、計画を審議しなくとも、年度ごとの予算審議で了解を求めているという。だが、自治体の将来についてのさまざまな計画について、議会としてチェックすることは、首長とともに議会も将来について責任を負うという観点から重要である。現在、議決事件とされている自治体の基本構想以外に、自治体総合計画、介護保険計画などを議決事件の範疇に入れることも検討されるべきであろう。

地方分権にともなう地域政治の復権は、いま始まったばかりである。

地方分権一括法が施行される直前、全国の自治体では、主として自治事務となったために徴収の根拠が必要となる使用料・手数料関係の条例の制定に追われた。提案する執行部も、審議する議会も、二〇〇〇年四月一日に間に合わせることだけを考え、住民に負担を課すことの是非について、議論らしい議論はなされなかった。地方自治法第七四条の但書で、使用料・手数料に関する直接請求が認められなくなってから五〇年以上がたち、住民から負担についての異議申し立てがなくなったことに慣れた議会は、「代表なければ課税なし」という議会成立の経緯すら忘れたかのようである。

分権改革により法定外普通税を設けやすくなったことから、さまざまな税目が検討されている。真剣に「受益と負担」の関係を議論する場ができつつある。それまでのトレーニングの場として、議会が住民の代理として、住民投票のような直接民主主義的な手法をどのように制度設計できるか、手腕の問われる場面も多くなるであろう。

「地域住民の自己決定権」の範囲は確実に拡がった。それをどう政治として活かしていくかは、首長とともに議会が担う重要な役割である。そのためには、住民投票も含めた多元的な異議申し立てルートの確立がなによりも必要とされる。多元的な異議申し立てルートを用意したにもかかわらず、それが、使われなかった場合に初めて、「その程度の住民」ということができるのである。

（1）共同通信社内政部編『全国自治体トップアンケート九八』共同通信社、一九九八年、一六九ページ。なお、九九年の統一地方選挙では六〇・四％と投票率の低落傾向に歯止めがかかったといえる。
（2）地方分権推進委員会『中間報告』一九九六年。
（3）小原隆治「戦前日本の地方自治制度の変遷」西尾勝編『自治の原点と制度』ぎょうせい、一九九三年、四六ページ。
（4）一九五〇年の北海道開発法や五三年の離島振興法に始まり、六二年の全国総合開発計画に示された拠点開発方式により進められた「新産業都市」と「工業整備特別地域」の指定をめぐって、全国各地の自治体が陳情を繰り返した。この傾向は七五年ごろの高度経済成長の終焉時まで続き、地域開発に関する機関委任事務の増加をもたらした。
（5）橋本勇『地方自治の歩み――分権の時代に向けて』良書普及会、一九九五年、二二一ページ。
（6）横田清編『住民投票Ⅰ』公人社、一九九七年、七九〜八〇ページ。
（7）東京都『住民参加制度研究会報告書』一九九六年、三〇ページ。なお、大都市では、住民の三分の一の連署というハードルの高さから、実質的に請求が不可能であるという問題点がある。また、小規模町村では政争絡みのケースもある。
（8）詳しくは、地方議員政策研究会『地方から政治を変える』（コモンズ、一九九八年）を参照されたい。

第4章　小さな自治体と大きな市民自治——英国における公―民関係

小原隆治

1　英国は地方自治の母国？

英国は地方自治の母国？

「英国は地方自治の母国である」というのが、行政・地方自治研究者の間で長らくある種の定説とされてきた。その一方で、最近では実証的な観察にもとづいてその定説に疑問を投げかけ、とくに現状を比較考察した場合には、英国は自治後進国であって、むしろ日本のほうが自治先進国の地位を占めていると指摘する説も少なからず見られる。これらの定説と批判説は、どちらが正しく、どちらが誤っているのだろうか。おそらくその答えは、どちらも半分正しく、半分誤っているということだろう[1]。

定説が英国を地方自治の母国と位置付けたのは、次のような理由によるものであった。

①　一四世紀前半の治安判事制（Justices of the Peace）創設以来の歴史的蓄積を背景として、いわゆる団体自治（地方団体の中央政府からの自立）よりも住民自治（住民による自律的な統治）の要素が尊重されるところが英国の特徴である。たとえば、住民が選出した地方議会（council）の各委員会（committee）が行政各部を直接コントロールする制度を長らく取り続けているのは、そのことを端的に表している。

②　自治体が行う仕事の権限は、個別の法律によって限定列挙方式で定められているため、ヨーロッパの大陸諸国や日本の概括的例示方式と異なって法的な根拠が明確である。また、それと関連して、日本の機関委任事務のように、本来中央政府の仕事であるものを自治体が執行するやり方は取られていない。

③　仕事の権限のみならず財源も、自治体と中央政府との間で分離型で配分されているため、自治体も中央政府もそれぞれ自前の仕事を自前のお金を使って自律的に行っている。また、その結果として、行政に不備があった場合でも、その責任（accountability）が自治体にあるのか中央政府にあるのかが明確である。

これに対して、最近の批判説が定説に疑問を投げかけるのは、次のような理由によるものである。

①　歴史的蓄積を土台として、住民自治尊重型の自治制度を取っていることは一応認めるが、たと

えば地方議会―委員会制度は、今日では能率的な行政運営の妨げになっているとして非難されることが多い。また、住民自治尊重型といえば聞こえはよいが、その半面、団体自治が軽視されている。

② すなわち、英国では憲法で地方自治が保障されていないこととも関係して、自治体が個別法で授権された範囲外の仕事を行えば、違法な越権行為（ultra vires）とみなされる。さらに、国会でその個別法を改正しさえすれば、自治体から既存の仕事を奪うことが容易にできる。英国の自治体は、そもそも従来から仕事量が必ずしも多くなかったが、とりわけM・サッチャー政権誕生以後、一九八〇年代の相次ぐ法改正によって守備範囲は一層狭まった。

③ 財源についても、自主財源は今日まで基本的に財産課税一本だけで、それが税源として比較的安定しているとしても、税収はいま述べた仕事量さえ十分まかなえないほどの規模に長らくとどまっている。つまり、歳出の自治（＝自主的に行うことができる仕事の大きさ）にとどまらず、歳入の自治（＝自主的に確保できる財源の大きさ）の面でも、英国の自治体は決して強力とはいえない。こうして、「英国は地方自治の母国である」というのは、歴史的な意味でならまだしも、こと現状に関していうかぎりはまったく誤った学説である。

英国は市民自治の母国

個人的な生活体験から得た知見も踏まえていうなら、批判説が指摘するように英国の地方自治体が弱体であることは、今日覆いがたい事実であるように思われる。

たとえば、ごみ行政である。イングランド中部有数の都市であるシェフィールド市では、いまでも直営方式でごみ収集を行っているが、回数は週に一回で、分別は一切なし、収集したごみは焼却処理などをせずに、ただ処分場に埋め立てるだけである。たとえばまた、保育行政である。シェフィールド市内にある市立保育園の数はわずかで、しかも若年低所得者層の家計を支える意味合いが強いために、立地は低所得者層居住地域に偏り、その結果、所得や地域の面で条件にあわない家庭は、私立保育園の空席を探すなどの手だてを講じるほかない。

そして、伝聞するところでは、これらの行政事情はシェフィールド市に限らず、英国の自治体ではごくありふれたものである。さらにまた、客観的な数値から見て、英国の自治体が歳出の自治・歳入の自治の両面で弱体であることは、次節で示すとおりである。

しかし、ここで注意しなければならない。英国の地方「自治体」が弱体であるのは確かだとしても、だからといって、そのことがただちに英国の地方「自治」が貧弱であることを意味するわけではない。一般的にいって、自治体の強弱と市民自治の強弱は論理必然的な比例関係で結ばれているわけではないのであって、市民自治が豊かであるのに自治体が貧弱な場合もあれば、自治体が強力であるのに市民自治が貧しい場合もある。そして、やや結論を先取りしていうなら、おそらく英国は前者の例であり、また、日本は後者の例である。

そもそも自治とはなんであろうか。ひとは一人では生きていくことができない。一人では問題解決ができない事柄が生じる場合もあれば、二人以上いるからこそ生じる軋轢に対して、全員で問題解決に当たらなければならない場合もある。それに、二人、三人と集まるうちに、やがて集うこと自体の楽しささえ生まれる。

こうして、複数の人間が、共通の問題関心（inter-est）にもとづいて集まり、共通のルールをつくり、そのルールに従いながら問題解決に向けて共通の努力を重ねること、これがもっとも原始的な意味での自治であるといってよい。さらにまた、その自治の営まれる空間を指す言葉が、やはりもっとも原始的な意味での公共（public）であるといってよい。そして、この自治と公共は、ルソーのいう自然状態を想定するまでもなく、われわれの身近な日常生活のなかで、たとえば親しい友人同士が集まるホームパーティーであれ、赤の他人同士が集まる駅のホームやバス乗り場であれ、人びとが集うあらゆる機会を舞台として、程度の差こそあれ繰り返し重層的に営まれている行為であり、また、その空間である。

さて自治の単位は、最初は家庭や友人同士から始まり、やがて一定のまとまりをもった地域（community）にいたる。この地域共通の問題関心を話し合うお決まりの場所が、英国の場合だと誰もが気軽に立ち寄れる居酒屋《パブ》（public house）であったりする。さらに、地域単独で解決できない問題に対処するために、より広い区域を基盤として、第一の政府である自治体が市民により設立される。第一の政府で不十分な場合は、第二の政府としてより広域的な自治体が設立される。それでもなお不十分な場合は、とどのつまり全国的な規模で中央政府が設立される。

こうして、物事の論理としていえば、市民自治の無数の積み重ねのなかで、いわばその結節点として狭域自治体があり、広域自治体があり、最後に中央政府がある。そのことに対応して、公共（public）もまた無数の積み重ねがあり、その積み重ねの結果が、全国的な規模での市民共和（re-public）と言うことにほかならない。(2)

このように考えると、広狭両域の自治体さらに中央政府にいたる以前に、厚い層をなしている市民自治の営みのなかで問題解決が図られるのであれば、たとえ自治体さらに中央政府が弱体であったとしても、なんら問題はない。むしろ、それは市民自治の本来的なあり方として望ましいとさえいえる。逆に、市民自治がひ弱であるのに自治体が強力だというのは本末転倒した事態であって、そのことのもつ問題性にこそ、われわれは敏感にならなければならない。

従来の定説が英国を地方自治の母国と位置付け、住民自治尊重型であるところにその特色があると指摘したのは、必ずしも実態面の観察を踏まえたうえでのことではなかったと思われる。しかし、右に述べたような意味で、この定説にはなお半面の真理が含まれており、その半面の真理についてあらためて考えてみる価値は大いにある。

そこで、そのために、次節以降、自治体と市民・市民自治との関係（以下、公―民関係）を考察の基本枠組みとしたうえで、日本との対比もまじえながら、まず英国の現状について整理し、ついで歴史的な移り変わりについて振り返り、最後に今後を展望して、英国さらに日本でそれぞれなにが課題となるかについて考えてみることにする。

図1　全雇用者に占める公務員の割合（1990年）

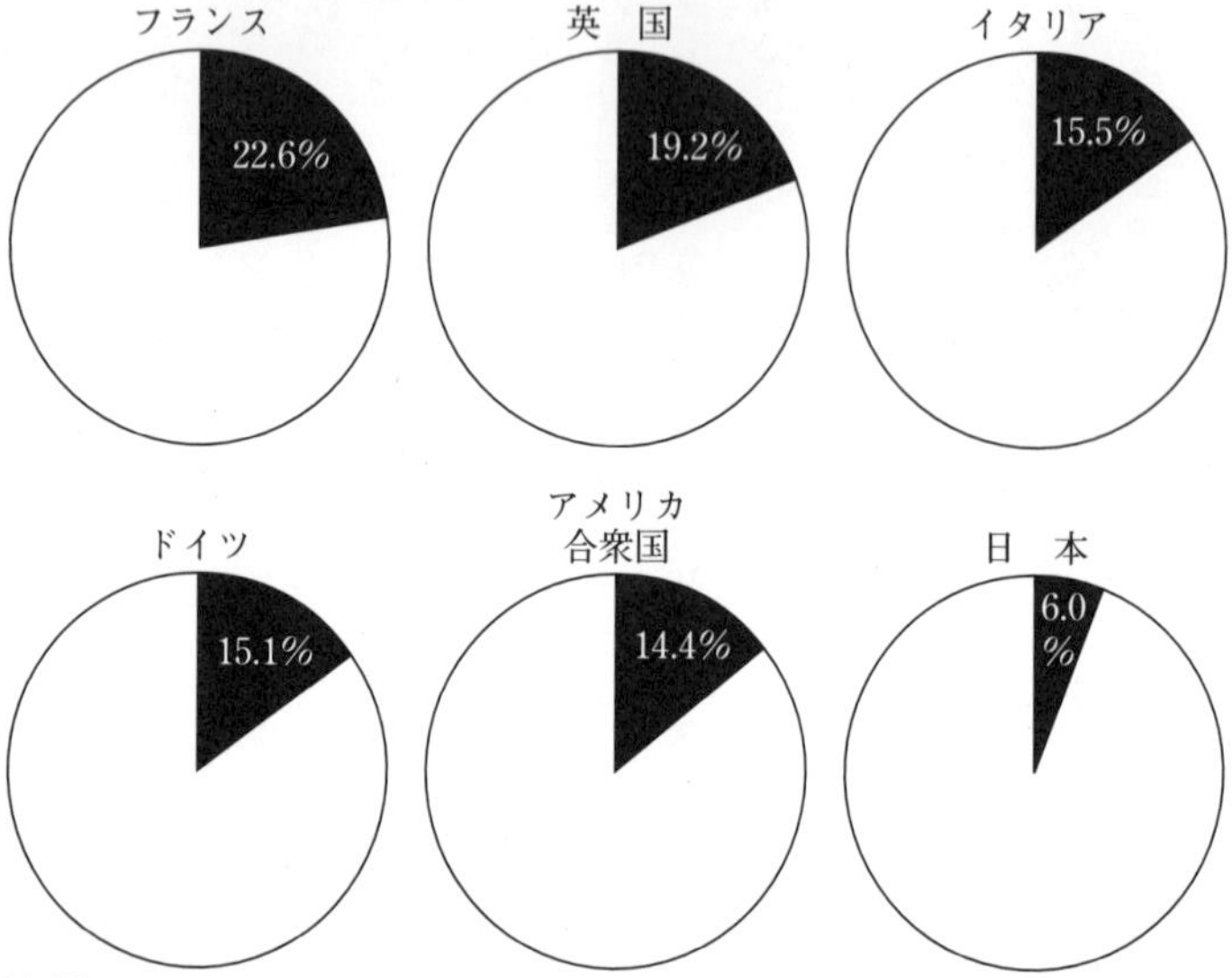

（出典）Jan-Erik Lane, David McKay, and Kenneth Newton (eds.), *Political Data Handbook OECD Countries* (2nd ed.), Oxford University Press, 1997., p.44による。
（注）ここでいう公務員は中央政府職員と州・自治体職員を足したもので，公共企業体職員は除かれる。

2　公―民関係の現状

小さな政府、小さな自治体

ここでは、英国の自治体や中央政府、さらに両者とも含めた政府総体がどの程度の大きさであるかを、いくつかの指標を用い、日本や他のOECD加盟諸国とも対比しながら、示すことにしたい。

図1は、政府総体の大きさを全雇用者に占める公務員の割合で示そうとしたものである。公務員数から見るかぎりでは、英国は比較的大きな政府であり、それと対比的に日本はかなり小さな政府である。ただし、ここでいう公務員に公共企業体職員

は含まれないことや、全雇用者数を母数としているので失業率の多寡も重要な関数になることなどに注意を払う必要がある。

ついで**表1**は、租税収入に着目して、政府総体の大きさや自治体の大きさを国際比較しやすい一覧表にまとめたものである。まず縦軸に注目して、GDPに対する租税総収入の割合から政府総体の大きさを判断すると、英国も日本も相対的に低位のグループに属する。次に横軸に注目して、租税総収入に占める地方税収入の割合から自治体の大きさ、自主財源の強さを判断すると、英国はかなり低位のグループに属し、日本はかなり高位のグループに属する。

表全体を総合的に見るなら、左下方のすみに近づくほど小さな政府、小さな自治体の国で、右上方のすみに近づくほど大きな政府、大きな自治体の国だといってよいが（それぞれ上位三国に網掛けを付した）、英国はそのうち、小さな政府、小さな自治体の国の代表例の一つである。

ただし、ここでいくつか注意が必要である。第一に、この表には、租税以外の資金も動員されて行われる中央―地方の準政府機関の活動の大きさが反映されていない。準政府機関というのは、英国でいえばQUANGO《クワンゴウ》（Quasi-Autonomous Non-Governmental Organisation）と呼ばれる特殊法人や自治体の第三セクター、日本でいえば公社・公団などの特殊法人や自治体の第三セクターを指す。それらの事業規模は無視しがたい水準にあるから、その分を割り増して考えなければならない(3)。

第二に、横軸の地方税収入の割合は、自治体の大きさ、自主財源のあくまで「一応の」目安になるにすぎない。というのは、どこの国でも中央政府と自治体との間で財政調整を行い、また、そ

表1　租税収入に見る政府／自治体の大きさ（1997年）

国内総生産（GDP）に対する租税総収入の割合 ＼ 租税総収入に占める地方税収入の割合	5%未満	5〜15%	15〜25%	25%以上
45%以上		フランス(45,11)	フィンランド(47,22)	スウェーデン(52,31) デンマーク(50,31) ベルギー(46,28)
35〜45%	オランダ(42,3) 英国(35,4)	イタリア(44,6) ニュージーランド(36,5)	ノルウェイ(43,18)	カナダ(37,45) ドイツ(37,29)
35%未満	ギリシア(34,1) アイルランド(33,2)		スペイン(34,16) オーストラリア(30,22)	スイス (34,35) アメリカ合衆国(30,32) 日本(29,25)

（出典）David Wilson and Chris Game, *Local Government in the United Kingdom* (2nd ed.), Macmillan, 1998., p.180の表をもとに作成。数値はOECD, *Revenue Statistics 1965－1998*, OECD, 1999., p.67, p.217による。

（注1）ここでいう租税には，社会保障負担金も含まれる。

（注2）ここでいう地方税は，連邦制国家の場合は州税と自治体税を足したものを，単一制国家の場合は自治体税を指している。

（注3）各国の（　）内の数値は，最初のものがGDPに占める租税総収入の割合を，次のものが租税総収入に占める地方税収入の割合を示している。

れにともなって中央政府の国税収入から自治体に移転される財源つまり広い意味での補助金が、自治体の歳入のなかで大きな割合を占めることが少なくないからである。その場合に、補助金が大きくなればなるほど、自治体の大きさは増し、その半面、自主財源の強さは減じる。

第三に、こうした補助金ほどではないにしても、自治体にはやはり地方税以外に、使用料・手数料や地方債など無視できない規模の財源がある。そのうち、たとえば使用料・手数料の場合だと、それが大きくなればなるほど、自治体の大きさも自主財源の強さも増す。(4)

このなかでもとりわけ第二の点は重要なので、財政調整による財源移転後の財政規模に着目して、政府総体のなかで中央政府と自治体がそれぞれ占める割合を示すと、図2のとおりである。図に見られるとおり、英国の自治体は単一制の国のなかでも際立って小さく、それと反対に、日本の自治体は単一制の国のそれとしては際立って大きい。これは、英国の場合は、自治体に対して自主財源の弱さを補ってあまりあるほどの財源移転が行われていない結果であり、それと反対に日本の場合は、自主財源の規模をさらに上回るほどの財源移転が行われている結果である。

以上から判断できるところをまとめると、次のようになる。

すなわち、英国は、公務員数こそ多いけれども全体として小さな政府、小さな自治体の国である。ことに自治体は、歳出の自治にも歳入の自治にも欠け、弱体である。その一方、日本は、全体として小さな政府であるけれども、大きな自治体の国である。大きな自治体というのは、ことに歳出の自治の面（厳密にいえば仕事の単純な大きさ）で際立っており、他面それとの対比でいえば、歳入の自治に

図2　全政府支出に占める中央政府と自治体の割合（1992年）

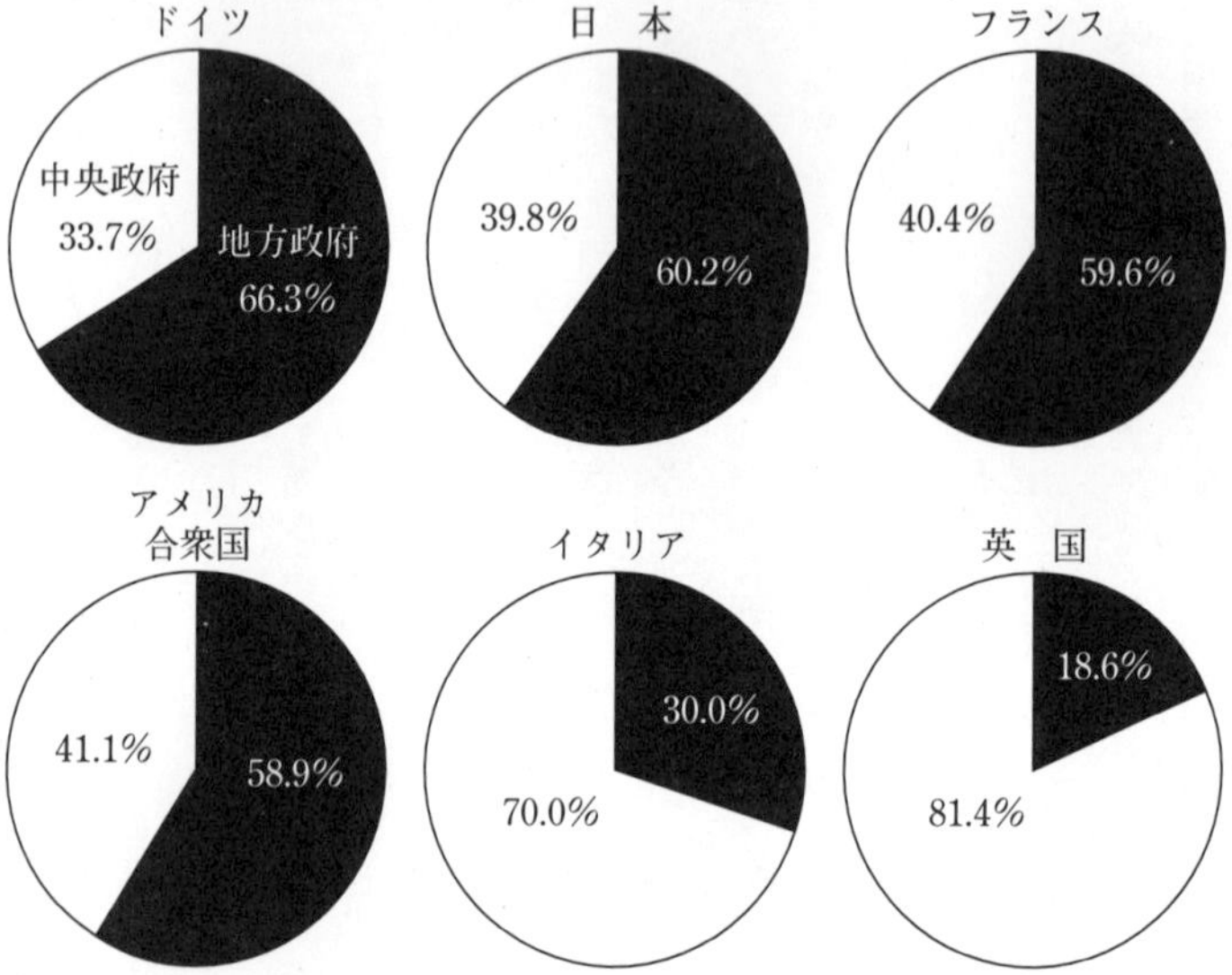

（出典）図１のJ. Laneほか前掲書，p.87による。
（注１）ここでいう地方政府は，連邦制国家の場合は州政府と自治体を足したものを，単一制国家の場合は自治体を指している。
（注２）ほかに利用できる資料から判断してフランスの数値には疑問がもたれたが，元の資料の数値をそのまま載せた。

は欠けるうらみがある。

大きな民間、大きな市民自治

右に見た英国の政府・自治体の小ささは、そのまま企業も含めた民間活動領域の大きさを裏付けるものだといってよい。

やや研究対象の時期は古くなるが、英国の公益的な市民活動団体（今日いうNGOやNPOは、英国の日常用語ではチャリティと総称される）が八七年度に社会福祉サービス分野で支出した金額は約四億ポンドで、それは当該年度における政府の総社会福祉サービス支出の一割を超える規模であったと指摘されている。[5] これはこれとして、市民自治の豊かさを示す一つの客観的な例証となるだろう。しかし、ここで指摘したいのは、前節でも述べたような、より広い意味での市民自治の豊かさについてである。

より広い意味というのは、人びとが共通の問題関心にもとづいて集まり、ただ趣味や談話に興じたり、進んで共同で問題解決に当たったり、あるいはその両方を同時に楽しんだりする、そうした暮らしのなかの連帯の作法(association)としての市民自治という意味である。その用語法に従っていうと、日本のように地域で自治体という組織、さらにそれ以上に職場で会社という組織の占める比重が高く、市民もまたその組織に受け身の姿勢で安住することが少なくないのとは対照的に、英国の多くの市民は自治の作法に長《た》けており、しかもその自治の作法が及ぶ範囲は、家庭や地域から全国、さらに世界大の規模にまで達する。個人的な生活体験にも依りながら、いくつか順を追って例示しよう。

英国の家庭では、友人や隣人を招いて、なにかにつけホームパーティーを開くことが少なくない。職場の同僚と仕事帰りに飲食するのとは事情が違って、準備にそれなりの手間ひまと技術を要するが、観察したかぎりでは、英国人のパーティーの組織の仕方はきわめて手慣れたものである。

地域（community）については、英国でも近年その活力が衰退し、それがまた犯罪の温床になっている、といった指摘がよく見られる。しかし、その一方で、とくに農村部では、地域を単位とする旧来の自治機関といっていいパリッシュ（parish）がなお健在であるともいわれている(6)。

パリッシュがない地域でも、地域の教会が中心となってチャリティの募金集め（fundraising）のためのパーティーを開くなどといったことはよくある。この募金集めというのは、市民自治の技術とし

表2　社会教育コースのメニューの一部

Community skills/politics/history

Introduction to community skills

Burton St. Project - Linda Moore　Tue. 10.00 a.m. - 12 noon

19 Sept.

For people involved in community groups, to help you understand how communities work and improve your skills. The course can be moulded to the needs of participants, and will enable people working in this part of the city to share their experiences and find common ground.

Effective communication - getting your message across

Mt. Pleasant - Alan Wigfield　Mon. 7- 9 p.m.

18 Sept.

Have you ever "dried up" at the thought of speaking in a meeting? Or worried about saying something silly in a group discussion? Or panicked at the prospect of giving a presentation? If so, then this course is for you.

Funding and fundraising for voluntary and community groups

The Workstation - Annie Rosewarne　Thu. 10 a.m. - 1 p.m.

28 Sept. - 16 Nov. and 30 Nov. (8 sessions)

Run by the South Yorkshire Funding Advice Bureau for local community groups and voluntary organisations who want to develop their fundraising skills. It covers: sources of funding, planning fundraising, deciding which to apply to, writing applications, budgeting and monitoring and evaluation. Open College Network accreditation at level 2 and 3. Booking essential. For more information and booking contact Liz Kettle at SYFAB on 249 4343.

（出典）Workers' Educational Association Sheffield No.2 Branchが作成した2000年秋季～2001年春季用のリーフレット。

てきわめて重要であって、だからこそ大学の講義で単位を取得するための課題の一つとされたり、**表2**に示したとおり、市民団体の提供する社会教育コースのメニューの一つとされたりする。

ついで、家庭や地域の範囲を越え、それらで解決できない問題があるからこそ、まず狭域の自治体があり、さらに広域の自治体がある。しかし、どこまでが市民の手で解決すべき問題で、どこからが自治体にゆだねるべき問題であるかは、それほど自明のことではない。また、できるだけ多くの問題を自治体にゆだねようとするのは、自治の作法にかなう態度ではない。

たとえば、ごみ行政である。シェフィールド市で分別収集がまったく行われていないことはすでにふれたとおりだが、だからといって市民の間で環境保護の意識が弱く、リサイクルに対する取組みもまったく見られないというわけではない。すなわち、セインズベリ（Sainsbury's）やテスコ（Tesco）、セーフウェイ（Safeway）といった全国展開するスーパーマーケットの郊外型大型店には、駐車場の一画にリサイクル用のストックヤードが設けられている。市民はそこに自家用車で廃品を持ち込み、それを緑色・茶色・透明の空き瓶、空き缶、古紙、古布といったように区分けして、それぞれ対応する大型の一時貯蔵容器に入れる仕組みになっているのである。

たとえばまた、保育行政である。シェフィールド市で市立保育園の数がわずかであることもすでにふれたとおりだが、だからといって市立はもとよりのこと、私立保育園にも空席が見つからなければ、家庭でひとり子育てに専念するほかないというわけではない。その一つの手だては、プレイグループである。すなわち、幼児を抱える近隣の親同士が連絡を取り合い、曜日と時間を決め、各自の家に回り持ち形式で子どもを連れて集まる。そして、そこで子どもたちを遊ばせている間は、親同士で子育てなどの情報交換をしたり、つかの間の息抜きをしたりする。

さらに、自治体の範囲を越え、中央政府の範囲も越える市民組織が全国規模、世界規模で網の目のように形成されている。自然環境の保護を目的とするナショナルトラスト（National Trust）や地球の友（Friends of the Earth）、第三世界の内発的発展の支援を目的とするオクスファム（Oxfam）などは、日本でもよく知られているその代表例である。

こうして英国は、比喩的にいえばホームパーティーからオクスファムまで、市民自治の営みが重層的に築かれている社会である。その間にあって、自治体は、自治と公共を担う組織としては必ずしも大きな存在ではない現状にある。ひとことでいえば、小さな自治体と大きな市民自治、その組合せが、現在の英国における公―民関係の特徴だといってよい。

3　公―民関係の移り変わり

福祉都市から福祉国家へ

現状にいたるまでに英国の公―民関係がどのように移り変わったかを、日本とも対比しながら概念図で示すと、図3のとおりである。以下、この図に即して左端から順に時代を追って説明する。[7]

最近の研究によれば、英国では一八七〇年を境として、趣味のクラブであれ、互助的な組織であれ、社会運動団体であれ、市民が自主的に結成する組織（association）が飛躍的に増加し始め、それによって世紀転換期前後までに、いわば市民社会の内実をかたちづくる。[8] たとえば市民の互助組織である生活協同組合を取り上げると、一八七三年に組合員数三五万人であったものが、八〇年に五五万人、九〇年に九六万人、一九〇〇年に一七一万人、一〇年に二五四万人と急増し、その後も衰えない

図3 公—民関係の移り変わり

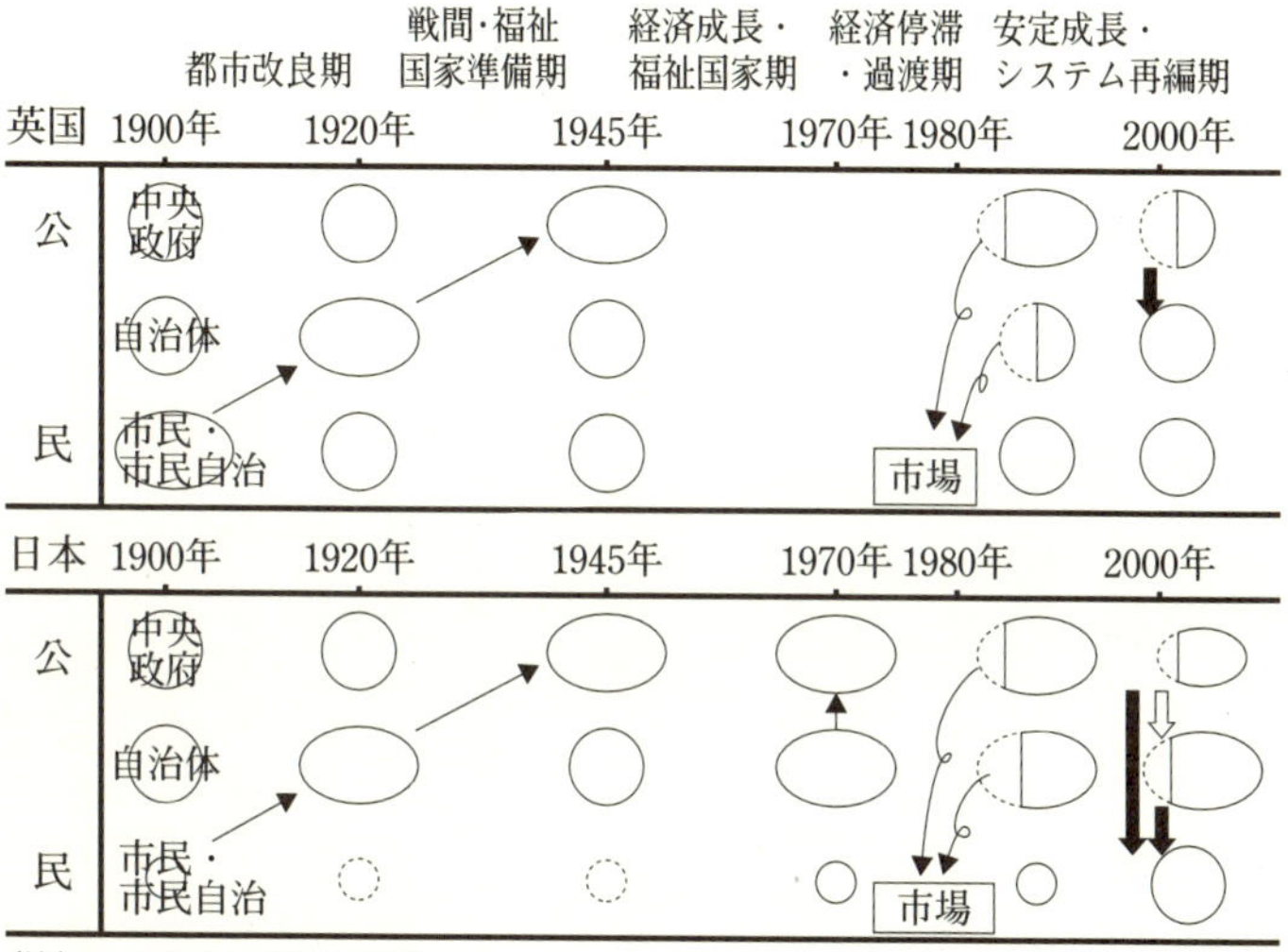

（注）⟶ 仕事・権限の移動。
➡ 公ー民関係の重要改革課題。⇨ それに準じるもの。

勢いで組織を拡張させていく[9]。

一方、一八七〇年代にJ・チェンバレンが指導したバーミンガム市政の例を嚆矢として、そうした市民組織の拡張を追いかけるように都市自治体における市政改良の運動が発展し、その結果として、世紀転換期前後から都市自治体の経費が膨張し始める。たとえば一八九〇年から一九一〇年までの政府の財政規模の変化を見ると、中央政府が八一〇〇万ポンドから一億四二〇〇万ポンドへ、自治体が五〇〇〇万ポンドから一億三〇〇〇万ポンドへと増加し、どちらも急増といっていいものの、自治体経費の伸張率がより大きかったことがわかる。また、経費の膨張要因は、中央政府の場合は、ボーア戦争などにともなう軍事費支出の増大によるところが少なくなかったのに対して、自治体の場合は、主として福祉関連費支出の増大によるものであった(10)。

同時代の日本に目を転じると、世紀転換期に前後して、英国をはじめ欧米からさまざまな社会改革の思想が知識人により輸入・紹介され、それが一部には実際の社会運動として実を結んだ。しかし、全体としていえば、運動の基盤がいまだ弱かったことに加えて、明治憲法体制下で早くから官憲の弾圧を受けたために、その後運動が持続的に発展することはなく、一九一〇年ごろには「時代閉塞の現状」(石川啄木)をかこつほかなくなった。社会改革思想のうち都市改良の思想についていうと、片山潜や安部磯雄らによって都市社会主義(ガス・水道など社会的共同消費手段の市有市営や、市政腐敗の根絶、市民参加の拡充をおもな内容とし、英国での理論と実践をそのもっとも重要な源泉の一つにしていた)が提唱されたが、これはそもそも輸入思想の紹介の水準にとどまり、実際の都市改良運動に結びつくことはほとんどなかった。

しかし、知識人や市民の手で都市改良運動が展開されなかったとしても、東京市や大阪市などの大都市地域では、伝染病や不良住宅をはじめとして都市問題が実際噴出していたから、それを放置するわけにはいかなかった。そこで、内務省の開明派官僚が早くから都市政策の研究に着手し、また、大都市官僚が先駆的に都市施策を実施し、こうして第一次世界大戦前後から、日本の都市自治体も次第に福祉都市の実態を備え始めるようになった。一九二三年から三五年まで関一《せきはじめ》が市長を務めた時代の大阪市政は、その一つの代表例だったといってよい。

このようにして、英国でも日本でも都市自治体が先駆的に担った福祉政策は、やがて戦間期を通じ、さらに戦後まもなくの改革期を経て、中央政府の手により吸収され、福祉国家体制が確立していく。中央政府が福祉政策を吸収したのは、大別して二つの理由によるものであった。一つは、工業化・都市化の進展にともなって都市問題が全国に広く蔓延し、都市自治体にのみその解決をゆだねていては、中央政府が考える望ましい政策水準すなわちナショナルミニマムを、全国均一に確保できない恐れがあったからである。もう一つは、戦時総力戦体制が強まってくると、中央政府の一元的な政策によって労働力となり兵力となる人的資源を涵養し、国力を増強する必要が生じてきたからである。

これとならんで、英国では一九四七年、日本では三八年の国民健康保険制度の制定に見られるように、同じ時期に社会保険の国営化も進展した。その場合に、中央政府は都市自治体ではなくて、市民の互助的な組織から政策を吸収し、とくに英国の場合は一元化を実現したことになるが、その理由はいま述べたことと同様であった(11)。

以上の流れを図3に即して説明し直すと、次のようになる。

すなわち英国では、市民・市民自治によって支えられていた活動が、都市改良期を経て自治体の手に移り、さらに戦間・福祉国家準備期を経て中央政府の手に移った。ただし、すでに早くから分厚く形成されていた市民組織はこの間も残り、なお一定の活動領域を保った。それに対して日本では、英国で市民・市民自治が担っていた活動を、都市改良期を経て自治体が代行し、それを今度は戦間・福祉国家準備期を経て中央政府が吸収した。もともと脆弱であった市民組織は、一九一〇年ごろいったん命脈を断たれ、その後もとくに都市改良運動の面では目立った組織・活動が見られなかった。

大きな政府から小さな政府へ

戦後の英国では、C・アトリー労働党政権以来、労働党と保守党との間でたびたび政権交代が行われたが、戦間期を経て確立した福祉国家路線を基本的に維持する点では、両党の間で長らく合意が維持された。いわゆる合意の政治（consensus politics）である。

しかし、七〇年代に入って英国経済は顕著に停滞し、日本でも「英国病」（British sickness）という言葉が流行ったほどに、その原因は、福祉国家路線のもとで、国民が大きな政府に依存する体質を身につけてしまったからだとする指摘が多く見られるようになった。しかも、七〇年代末に、すでに弱体化していたJ・キャラハン労働党政権のもと、公共交通など市民生活に直接かかわる幅広い分野で賃上げを求めるストライキが頻発し、「不満の冬」（the Winter of Discontent）という言葉が生まれたほど市民の間で政治的不満が高まっていく。こうした状況のなかで、七九年五月、労働党政権に代わって、「自由経済と小さな政府」を提唱するM・サッチャー保守党政権が誕生した。

サッチャーは、その一一年半にわたる首相在任期間中に、保守党政治家としてはむしろ異色な強権的なやり方で、小さな政府の実現をめざしてつぎつぎに改革を実行した。その改革内容は、次のような特徴をもっていた。

第一に、ブリティッシュ・ペトロリアム（石油会社。なお以下の企業については、ブリティッシュの名称は省略）を手始めとして、以降、エアロスペース（航空機会社）、テレコム（電信電話会社）、ガス（ガス会社）、エアウェイズ（航空会社）など、政府保有株式を売却するかたちで国営企業の民営化を図ったことである。

第二に、中央政府と自治体の双方で、公共事業に大幅に民間資金を導入する改革に着手したことである。これはのちにJ・メージャー保守党政権のもとでPFI（Private Finance Initiative）として定式化され、また事業規模も拡大した。

第三に、公営住宅や学校教育、都市開発の分野をはじめとして、自治体の仕事を削減する改革を進めたことである。その場合に、住宅や都市開発などの分野では、クワンゴウクラシー（quango-cracy）と揶揄されるほど濫設された各種のQUANGOや第三セクターに仕事が引き継がれ、また、学校教育の分野では、個々の学校の独立経営体化と学校間競争が促進された。

第四に、自治体の仕事全般にわたって強制競争入札いわゆるCCT（Compulsory Competitive Tendering）の制度を導入したことである。その場合に、事業の発注者である自治体が、同時に受注希望者として応札し、そこで落札できないかぎりは直営方式で事業を実施できないことになった。また、その結果、とくに清掃事業や施設管理などの現業的な仕事は、民間事業者に委託されることが多くなった。

こうして見ると、サッチャー改革の焦点は中央政府以上に自治体に置かれ、したがって改革がめざしたのは、実は小さな政府というよりも、むしろ小さな自治体であったことがわかる。サッチャーは、グレーター・ロンドン・カウンシル（GLC。日本でいうと東京都に相当する自治体）をはじめ労働党支配下の都市自治体をとりわけ敵視し、そこで行われている福祉施策を大幅に削減させることが、改革実現のための重要な戦略目標になると考えていた。そのために、保守党支配下の中央政府の力にまかせて、必要な法制度改正をつぎつぎに実現した。「自由経済と小さな政府」を標榜しながら、実際に実現したのは「自由経済と強い国家」だったとも指摘されるのは、そうした事情を指してのことである。(12)

同時代の日本に目を転じると、戦後のほぼ全期間にわたって続いた自民党長期政権のもとで、全体としていえば福祉国家の基本路線を歩んできたと見てよい。そして、そこに自民党政権自体による政策要因が働かなかったとはいわないが、より重要なのは、第一に、戦前からの無視できない政策蓄積があったこと、第二に、占領改革期にニューディーラーによる横からの圧力が働いたこと、これらの要因にも増して第三に、高度成長後期に革新自治体による下からの圧力が働いたことであった。

すなわち、六〇年代後半から、社会・共産両党が支持する首長が都市自治体を中心につぎつぎに誕生し、そのもとで福祉、公害規制、さらに市民参加といった政策分野にわたって先導行政が展開された。この先導行政は、やがて全国自治体に波及するとともに、自民党政権にも経済成長至上主義からの政策転換を迫る政治的な圧力となる。このようにして中央政府で、いわゆる政権交代なき政策転換が実現した。また、それは、福祉都市から福祉国家へという過程の戦後版であったともいえる。

しかし、七〇年代に入ると、日本でも経済成長が鈍化し、それにともなって歳入面での制約から公共支出全般を抑制する必要が生じたために、とりわけ保守層の間で、小さな政府を実現する改革に着手すべきだという気運が次第に高まってきた。こうして、八二年一一月から五年間続いた自民党の中曽根康弘政権を中心として、大幅な行政改革が進められた。

中曽根行革は、その改革内容という点で、同時代のサッチャー改革と共通するところが非常に多い。第一に、国鉄・電電・専売の三公社を民営化したこと、第二に、自治体に対して事業の民間委託などによる減量経営を迫ったこと、そして第三に、全体としては小さな政府というより小さな自治体の実現という点で大きな成果をあげたことなどである。

その一方、改革手法という点では、両者の間に重要な違いが見られる。サッチャー改革が、たび重なる国法の改正によって目的を達成していったのとは対照的に、中曽根行革は、自治体に対しては、おもに自治省や建設省などによる行政指導を通じて改革を迫ったからである。これは政治文化の違いという以前に、制度環境の違いによるところが大きい。すなわち、日本の自治体は、英国の自治体と異なって、憲法でその地位を保障され、また、地方自治法による包括授権（general competence）にもとづいて、個別法の規定を待たないでも幅広く仕事をすることができるからである。

以上の流れを図3に即して説明し直すと、次のようになる。

英国では、戦後、中央政府が中心となって福祉国家路線が堅持されたが、八〇年代のサッチャー改革によってその路線が抜本的に見直され、政府総体の仕事を削って、それを市場経済にゆだねる政策が実施された。その場合に、政府総体のなかで中央政府よりも自治体の減量化がより積極的に推し進められたために、現在の英国は、総体としては小さな政府、内訳を見ればより大きな中央政府と小さな自治体の国である。市民・市民自治の活力が盛んであることは変わりない。

それに対して日本では、戦後、福祉国家路線を歩むなかで、六〇年代後半から現れた革新自治体がとりわけ重要な役割を果たした。革新自治体の手で自治体福祉政策が拡充されると同時に、それが中央政府の福祉政策水準を押し上げる成果をも生んだからである。その背景には、都市問題の噴出を契機として、広く市民に支えられた自治体改革運動が日本で初めて展開されたという状況の変化があった。

その後、八〇年代の中曽根行革によって、日本でも自治体を中心に政府の減量化と民営化が推し進められた。しかし、そもそも包括授権という制度的な要因や、革新自治体期の体験という歴史的な要因などが重なって、自治体が抱える仕事量は相当大きくなっていたし、減量化といっても、英国のように強権的なやり方で自治体の仕事を削減させることはできなかった。そのため、行政改革後の今日でも、日本は、総体としては小さな政府、内訳を見ればより小さな中央政府と大きな自治体の国である。市民・市民自治の活力は、革新自治体期の自治体改革運動以来の蓄積があるとはいえ、自治体の強力さに比べれば、なお貧弱である。

4　市民連帯の自治・分権型社会へ

英国の課題

これまで英国の市民自治が歴史的な蓄積にも支えられて豊かであることを繰り返し述べてきた。また、その市民自治による問題解決能力が高ければ、自治体が弱体であったとしてもなんら問題ないとも指摘した。この点は、ここでもう一度確認されてよい。

しかし、歴史を振り返ってみると、世紀転換期前後からの福祉都市の形成に見られるように、従来から英国の自治体が弱体であったわけではない。また、その福祉都市は、市民自治と公共を積み上げていくなかで、一つの結節点として問題解決能力の高い大きな組織体が必要であったからこそ生まれたものであった。

八〇年代以降の改革によって英国の自治体が一層弱体化したのは、多くの市民が望んだ結果でもなければ、主導した成果でもなかった。また、その改革の結果生まれたのは、一方での「強い国家」であり、他方でのQUANGOや第三セクター、さらに民間事業者による事業経営であった。これによって、かつて自治体が担っていた公共的な機能は垂直・水平の両方向で拡散し、それに対する市民のコントロールは及びにくくなった。

そこで、市民自治と公共を強め、望ましい公—民関係を再構築するためには、次の三つの課題の達成が必要だといえる。第一に、「強い国家」を解体し、できるだけ市民に近い自治体に対して大幅な分権を実現することである。第二に、やはり市民に近い自治体を中心にして、幅広い市民参加の手法を編み出すことである。第三に、QUANGOなどの事業体と自治体との機能分担を洗い直し、存続させるべき事業体に対しては、市民によるコントロールを強める手法を編み出すことである。(13)

これらの課題のなかでも、**図3**に示したとおり、第一の課題がもっとも重要だといってよい。また、これらの課題を一つにまとめて、めざすべき社会の目標理念を掲げるとするなら、それはひとことで「市民連帯の自治・分権型社会」(associative democracy) と言い表すことができる。[14] 九七年五月に誕生したT・ブレア労働党政権は、おおむね右に見た課題の達成に向けて、改革路線を早足で進んでいるように思われる。

第一に、九九年のスコットランド議会 (Scottish Parliament)、ウェールズ議会 (Welsh Assembly) の設置、二〇〇〇年の旧GLC (サッチャー時代の八六年に廃止) に代わるグレーター・ロンドン・オーソリティー (GLA) の設置に見られるように、広域的な自治体を対象として大胆な分権改革に着手したからである。

第二に、市民の地方政治に対する関心を高め、市民参加を促すために、スコットランド議会などの設置にあたってその可否を問う住民投票を先行実施したほか、とくに都市自治体で首長公選制を導入することを検討し、すでにGLAについてはそれを実現したからである。

第三に、従来のPFI、CCTの制度では公共的な事業が市場経済の要因によってだけ左右されやすいことを批判し、そこで一方では、事業に対する市民や自治体の参加度を高めることを意図して、PFIという言葉よりむしろ幅のあるパブリック・プライベート・パートナーシップス (PPPs) という言葉を多用し、また他方では、事業のコスト面のみならず市民にとっての満足度の面も重視して改善を進めるために、CCTに代えてベスト・バリュー (Best Value) の制度を導入したからである。[15]

こうした改革方向の基本的な正しさを認めたうえで、なお、次の二つの点について注意が必要であることを指摘しておきたい。

一つは、内容において自治・分権型社会をめざす改革を、手法としては中央政府が国法を改正する集権的なやり方で実現せざるをえない点についてである。サッチャー改革のような集権的かつ強権的なやり方を避けるためには、改革にあたって、一方で、市民や自治体議会、自治体職員、他方で、労働党内部の合意を慎重に調達することが不可欠である。

それと関連してもう一つは、政府構造の分権化を進める以上は、それに応じて政党構造の分権化まで展望せざるをえない点についてである。かりに分権改革が実現したとしても、自治体の首長・議員候補者の人選や、自治体独自の政策決定などをめぐって、政党中央本部が当該自治体の地方支部に不当な介入をするのであれば、分権改革の意義が大幅に薄れてしまうからである。

実は、さきに実施されたスコットランド・ウェールズ両議会議員選挙、ロンドン（GLA）市長選挙の候補者の公認をめぐって、労働党内部では大きな混乱があった。とりわけロンドン市長選挙については、ロンドン市民と支部党員からの根強い支持を誇るK・リビングストンが、党中央本部の謀略的ともいえるやり方で公認候補者からはずされ、結局、党籍を離脱（のち除名）して無所属で立候補した結果、選挙では完勝をおさめるという事件があった。この事件については多面的な考察が必要だが、ただ一つ、労働党はもとより、英国や日本の政党すべてが学ぶべき教訓を残したことははっきりしている。すなわち、分権改革には政党分権がともなわなければならないということである。

日本の課題

日本でも、市民連帯の自治・分権型社会をめざして、次の三つの課題を達成することが必要である。第一に、広い意味での自治の作法（association）を定着させ、市民自治の領域を拡充することである。第二に、基礎自治体を中心にして市民参加を一層促進することである。第三に、第三セクターなどの公共的な事業体に対する市民のコントロールを強める手法を編み出すことである。

いうまでもなく、第一の課題を達成することが最重要であって、そのことなくして、第二、第三の課題を達成し、かくして望ましい公—民関係を築き上げることは不可能だといってよい。また、第一の課題は、再び比喩的にいえばホームパーティーを開くことから始まって、やがては、従来、中央政府や自治体が処理していた仕事を市民が担うこと、これを中央政府や自治体の側からいえば仕事を市民におろすことにまで及ぶ。図3で、中央政府から市民・市民自治へ、自治体から市民・市民自治へと矢印が向かっているのは、そのことを表している。

市民が公共的な仕事を担うためには、自治の作法の習熟ということに加えて、仕事をしやすい法制度環境が整えられていることもまた必要である。九八年三月に、日本でもようやく特定非営利活動促進法（NPO法）が制定され、そうした環境整備が始まった。

ところで、図3には、中央政府から自治体に向かってもう一本白い矢印が描かれている。すなわち、分権改革である。そして、この課題は、九九年七月に制定された地方分権一括法などによって、着々と実行に移されつつある。すでに指摘したとおり、日本の自治体はいまでも十分大きな自治体である。そこになお分権を進め、一層大きな自治体をつくる必要があるのだろうか。また、それによって、かえって市民自治が脅かされる心配はないのだろうか。この点については、次のように考えることができる。

第一に、日本の自治体は仕事量こそ多いものの、そこには中央政府が事務権限を留保する機関委任事務方式の仕事が数多く含まれていた。今回の分権改革の主目的は、その機関委任事務を廃止し、自治体みずからの仕事に対する自己決定権を高めることであって、中央政府から自治体に新たに仕事が移されたり、それによって自治体の仕事量が一層増したりすることはほとんどない。

第二に、仕事に必要な財源は、国から移転される補助金に依存する面が強く、それがまた自治体の自己決定権にとって大きな障害となってきた。したがって今後、分権改革を進めるなかで、地方税を中心として自主財源を拡充することがどうしても必要である。

第三に、自治体は、なお市民自治と公共の重要な結節点であって、だからこそ自治体政治への市民参加を促すことが緊要な課題の一つになる。しかし、その自治体に十分な事務権限と財源にもとづく自己決定権が保障されているのでなければ、市民参加といってもその政治的実効性は限りなく薄い。その意味で、市民自治と分権改革は、自治体政治を舞台として相互に結びつき、互いの意義を強め合う関係に立つのであって、その点にこそ注目するべきである。

他方また、今回の分権改革について、それを「官―官分権」だと批判する指摘がジャーナリズムなどでしばしば見られた。その意図するところは、改革の対象がもっぱら中央政府と自治体との関係にとどまり、自治体と市民との関係を改善する視点がきわめて弱いということであった。しかし、この批判は、二重の意味で的外れである。というのも、一つに、地方分権推進委員会をはじめとする改革当事者が任務としたのは、もっぱら中央政府と自治体との関係を分権型に改めることであって、それ以外のことはそもそも権限の埒外だったからである。もう一つに、自治体と市民との関係を、国法の改正を通じて全国一律に集権的なやり方で改めるのは市民自治の趣旨に反しているのであって、少なくとも一部の改革当事者はそのことを自覚的に意識し、抑制的な態度を取り続けたからである。

最近のよく知られた例をあげると、住民投票を国法で制度化することを求める動きが各方面で見られる。しかし、それはいま述べたのと同じ意味で、市民自治の趣旨に背く。しかも実際、住民投票は、必要に迫られた市民と自治体が困難を排して条例化し、それが有効に機能している実績がある。この実例が一端を示しているように、やはり市民自治を地域で地道に積み重ねていくなかでしか、あるべき自治体と市民との関係、すなわちここでいう公―民関係の展望は開けない。

(1) 定説の一例として、辻清明『新版 日本官僚制の研究』(東京大学出版会、一九六九年)第三章を、また批判説の一例として、山下茂・谷聖美・川村毅『増補改訂版 比較地方自治』(第一法規、一九九二年)第二章第二節および第三章(ともに山下執筆)を参照されたい。

なお、本章では、より一般的な「イギリス」という言葉に代えて「英国」という言葉を使っている。英国の正式国名は、グレートブリテンおよび北部アイルランド連合王国(United Kingdom of

Great Britain and Northern Ireland）で、そこには九五年現在で総人口五八六一万人のうち四八九〇万人（八三・四％）が住むイングランド、五一四万人（八・八％）が住むスコットランド、二九二万人（五・〇％）が住むウェールズ、一六五万人（二・八％）が住む北アイルランドが含まれる。「イギリス」も「英国」もともに「イングランド」から派生した言葉だから、これらを用いるのは他の三つの地域を軽視するようで本来望ましくない。しかし、かといって、たとえば「連合王国」では普及度に欠ける難があるなど、ほかに適切な用語はいまのところ見当たらない。そこで、ここでは次善策として、「イギリス」に比べ「イングランド」からより距離感の感じられる「英国」という言葉を使うことにした。

（2）神島二郎『常民の政治学』（講談社学術文庫版、一九八四年）二五二ページを参照されたい。なお、念のため付け加えると、republic の原義は「公共の事柄」（res publica）である。また、この点も含め、公共という概念をおもに思想史的な観点から多面的に整理・検討したものとして、齋藤純一『公共性』（岩波書店、二〇〇〇年）を参照されたい。

（3）たとえばQUANGOは、住宅サービスなど従来自治体の守備範囲であった仕事を引き継いでいる場合が少なくないが、その事業規模は今日、全国自治体の歳出総額の二分の一を優に上回るほどだといわれている。この点について、表1のD. Wilson ほか前掲書、p.86 を参照。また、日本の特殊法人の活動を支える財政投融資会計が「第二の予算」といわれ、国の一般会計の二分の一を上回るほどの規模であることは、しばしば指摘されているとおりである。

（4）このあと本文でふれる余裕はないが、英国の自治体では、使用料・手数料収入が地方税収入に迫るほどの規模であり、これら二つの収入を合わせて自治体の歳入全体の約三〇％で、それが自主財源のほとんどすべてである。この点については、自治体国際化協会『英国の地方分権』(クレアレポート第二〇八号、二〇〇〇年七月)一五ページを参照されたい。

(5) 右田紀久恵・吉原雅昭「社会福祉政策」(君村昌・北村裕明編著『現代イギリス地方自治の展開』法律文化社、一九九三年)一三〇ページを参照されたい。

(6) パリッシュは、もともと一七・一八世紀ごろの教区会(vestry)を祖型として、一九世紀末にもっとも基礎的な自治体として法律で設立された組織であった。その歴史と現状について詳しくは、K・P・プール＝B・キース・ルーカス著、竹下譲・丸山康人訳『パリッシュ政府百年史 一八九四〜一九九四』(自治体国際化協会、一九九六年)、竹下譲『パリッシュにみる自治の機能』(イマジン出版、二〇〇〇年)を参照されたい。

(7) この図を見るうえでいくつか注意すべき点をここで断っておきたい。第一に、本章で、狭い意味では自治体と市民・市民自治との関係を指して公―民関係と称しているが、この図ではその「公」に自治体だけではなくて中央政府も含め、やや大きな構え方から公―民関係を考えることにした。第二に、一九〇〇年から二〇〇〇年まで両国に共通する時代区分の年号を振ってあるが、これらはごく大雑把なもので、とくに第二次世界大戦以前の年号については、それぞれの国ごとに、着目点によって一〇年から三〇年程度の幅で前後にずらして考えることが可能である。第三に、円の面積は、実際の仕事・権限の量を正確に反映するわけではなくて、あくまでその近似的なイメージである。第四に、英国と日本の今後の公―民関係の改革課題について、太線の矢印で先取りして示したが、これについては次節でふれることにする。なお、この図の作成にあたって、加茂利男『都市の政治学』(自治体研究社、一九八八年)から大きな示唆を受けた。また、小原隆治「必置規制の沿革と論点」(『月刊自治研』一九九七年七月号）も参照されたい。

（8）小関隆編『世紀転換期イギリスの人びと』（人文書院、二〇〇〇年）を参照されたい。ちなみに表2で紹介したＷＥＡも結成されたのは一九〇三年で、世紀転換期前後までに生まれた市民組織の一つである。

（9）Peter Gurney, *Co-operative Culture and the Politics of Consumption in England, 1870-1930*, Manchester University Press, 1996., p.p. 241-242 を参照されたい。

（10）Donald Read, *The Age of Urban Democracy England 1868-1914* (revised ed.), Longman, 1994., p.p. 295-296 を参照されたい。なお、前節の指摘と関連させていえば、この時代の英国は、決して小さな自治体の国ではなかった。

（11）なお、国営方式の健康保険制度（National Health Service）の制定については、たとえばＷ・ベバリッジのような進歩派と目される人物が根強く反対したが、その理由は市民自治を損ねるからということであった。この点、本章全体の論旨と関係して重要である。Paul Hirst, *Associative Democracy*, Polity Press, 1994., p. 4 を参照されたい。

（12）Andrew Gamble, *The Free Economy and the Strong State : The Politics of Thatcherism*, Macmillan, 1988（Ａ・ギャンブル著、小笠原欣幸訳『自由経済と強い国家』みすず書房、一九九〇年）を参照されたい。さらにいえば、実現したのは「自由経済と強い国家と小さな自治体」であった。

（13）最近、英国の研究者の間で、よくガバナンス（governance）という言葉が用いられるが、この言葉は、①公共的な機能を担う事業体が政府（government）だけに限られないこと、②それらの事業体が効率的な経営管理（management）を必要としている点で共通するだけではなくて、③市民に対して権力作用を及ぼす組織でもあるところから、市民によるコントロールを必要としている点でも共通していること、④これらの点を踏まえて、事業体を一括りに表す新しい言葉が求められたこと、以上の事情を背景として生まれたものである。なお、ガバナンスについては本書二五五～二五八ページでも注目して論じているので参照されたい。

(14) P. Hirst 前掲(11)、P. Hirst, "Democracy and Civil Society" in P. Hirst and Sunil Khilnani (eds.), *Reinventing Democracy*, Blackwell, 1996 を参照されたい。また、篠原一「分権型社会の歴史的意味」（篠原一・兼子仁ほか『自治総研ブックレット62 分権型社会の基本設計』地方自治総合研究所、一九九八年）にも大いに示唆を受けた。

(15) 以上の第一から第三の改革の詳しい内容については、次の文献を参照されたい。自治体国際化協会『英国労働党政権による地方構造の改革』（クレアサマリー第三三号、一九九八年一二月）、同『英国における民間活力導入施策』（クレアレポート第一九四号、二〇〇〇年三月）、同『ロンドンの新しい広域自治体』（同第一九五号、二〇〇〇年三月）、同『英国におけるベストバリュー』（同第二〇六号、二〇〇〇年六月）、同『英国におけるパートナーシップ』（同第二〇七号、二〇〇〇年六月）、同 前掲(4)。

第5章　アメリカの自治から学ぶべきこと・学ぶべきでないこと

佐藤　学

1　ピッツバーグ大都市圏の成り立ちと自治の仕組み

アメリカ合衆国（以下アメリカ）の自治は、長らく一つの規範として考えられてきた。本章では、いま日本がアメリカの自治のあり方から学ぶべきものは何か、また反面教師とすべき問題は何かを、市民の参画、ボランティア精神の観点から論じる。とくに、筆者が一五年にわたりペンシルヴァニア州ピッツバーグ大都市圏で体験・見聞してきたことを、生活者の視点で報告したい。

アメリカの自治について長らく論じられてきたのは、国民の自立心の強さと、その表れである自治の精神という、いわば精神論的側面である。たしかに、アメリカ自治のあり方を理解するにあたり、

図1　ペンシルヴァニア州

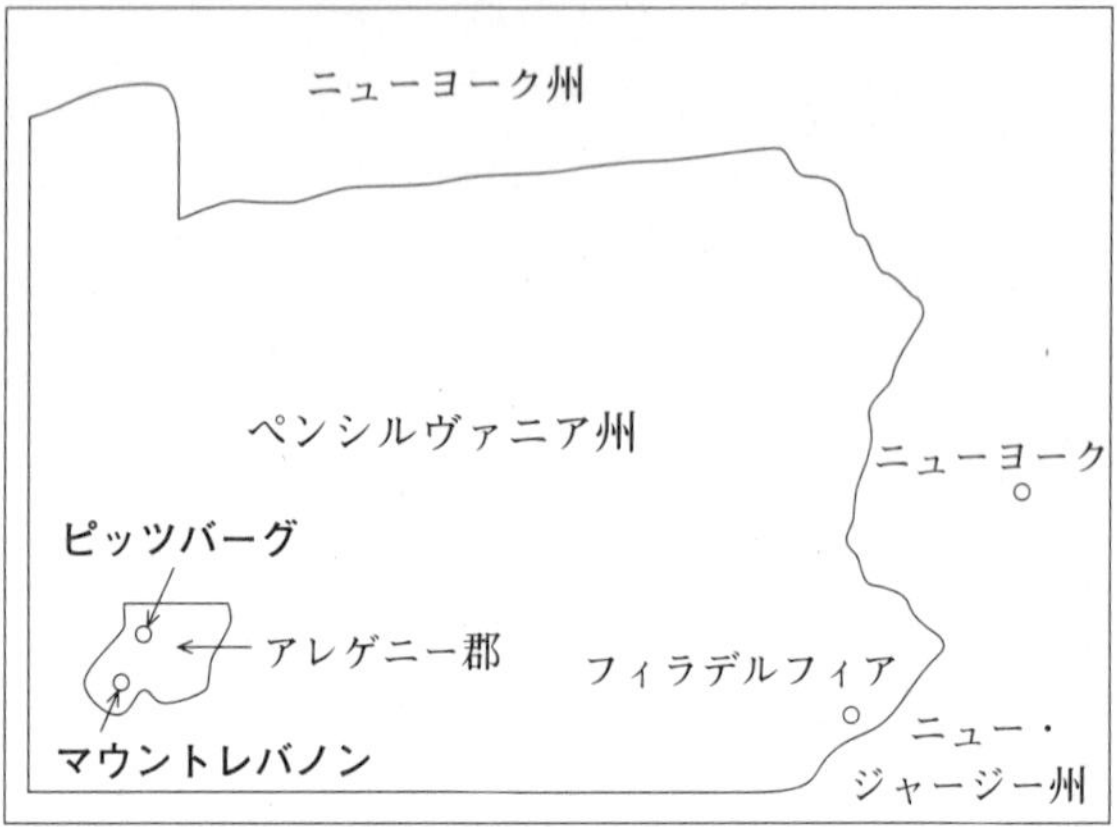

多くの局面において、今日でも自治ないしボランティアの精神という概念が欠かせない。しかし、この自治の精神がどこからくるものであるか、どう評価すべきかについて、肯定的な視点だけでは捕捉できないのも事実である。

なお、アメリカの自治制度は州によって相当異なり、本章で論じる諸相には他州にはあてはまらないものもある。しかし、全国に共通した性格も当然ながら多く、それらについて強調していきたい。

ペンシルヴァニア州はアメリカ北東部にあり、独立時の一三州の一つであった。横に長い長方形をしており、東端に独立宣言が署名された場所であるフィラデルフィア市を、西端に二〇世紀なかばまで鉄鋼産業の世界的な中心であったピッツバーグ市をもつ。面積は約一二万km²だ。

人口は約一二〇〇万人で、五〇州のうち長らく第三位にあったが、一九六〇年代以降テキサス、フロリダ両州に抜かれ、第五位に転落した。人口比によって定められる下院議員数は、国勢調査のたびに減っている。東西両端が大都市・工業地帯であるほかは、中央部に肥沃な大農業地帯が広がり、最大の産業は農業である。鉄鋼産業崩壊後、情報・コンピユータ産業への転換は円滑に進んでいない。このように、人口・経済両面で停滞の色が濃い。

ペンシルヴァニア州法により、最大の都市であるフィラデルフィア市（人口約一四〇万人）のみ郡（カウンティ）と同等の地位が与えられている。第二位のピッツバーグ市（人口約三三万人）以下の都市は、より広域の郡に属する。ピッツバーグ市はアレゲニー郡（人口約一二五万人）内に位置し、郡執行部は市と別個に選挙された政府である。州法は、「ホームルール」と呼ばれる自治憲章を採択した自治体に、より広い自治権を与えている。州議会の承認なしで政府機構を変更できる点は、その一例である。アレゲニー郡は九八年にホームルールを採択し、政府機構を変更した。公選の郡コミッショナー三人による執行部を、公選の郡長一人と定数一五人の郡議会によるものとしたのである。

この改革の目的の一つは、民主党に有利な形で固定化してきた制度を、共和党の勢力が拮抗してきた現況を反映できるように変える点にあった。このため、ホームルール採決の住民投票結果は、民主党の牙城であるピッツバーグ市は八割が反対、共和党支持が多い富裕な郊外自治体は圧倒的に賛成と、きれいに色分けされた。登録有権者数では、民主党がいまだに多数派であるが、郡内でのピッツバーグ市の比重が下がっているためもあってホームルールは採択され、第一回の郡長選挙では共和党候補が勝利をおさめた。

また、ペンシルヴァニア州議会は人口で多数を占める農村部議員が支配しているために、大都市部の利益は軽視される傾向にある。アレゲニー郡がホームルールを採択したもう一つの目的は、農村部議員の郡政介入を防ぐ点にあった。

郡政府のおもな責務は、福祉・公共衛生、裁判所・刑務所関係、空港をはじめとする広域施設の運営などである。他方、市の権限は、都市計画、ごみ処理、警察などで、両者の権限はかなり明確に分かれている。

フィラデルフィア市においてもピッツバーグ市においても、実際の都市圏は郡の範囲を超えて広がっている。たとえばピッツバーグ大都市圏と呼ぶ場合、もっとも広い定義によれば、アレゲニー郡を含めた近隣四郡を指す。また、フィラデルフィア大都市圏は、州境を超えて隣のニュー・ジャージー州にまで及ぶ。

ここで、アメリカにおける「大都市圏」の定義について簡単に説明しておこう。大都市圏という用語を用いる場合、国勢調査のための定義、マス・メディア市場（地元テレビ放送局勢力圏内）としての定義、経済の実情による定義など、目的によって異なる区域を指すことになる。たとえば、ピッツバーグ大都市圏のもっとも狭い定義は、アレゲニー郡の区域のみだ。二〇〇〇年国勢調査の定義では、それに近郊部の周辺三郡を加えた範囲、マス・メディア市場としては、四郡全体の人口を指す。経済上は、このマス・メディア市場の約二〇〇万人という定義がもっとも実態に近いようである。これは、全米第二〇位にあたる。

周辺三郡は八〇年代以降、郊外住宅化が進んだものの、全体の人口は減少している。その結果、ピッツバーグ大都市圏は全米で唯一、六〇年国勢調査以来連続して人口が減り続ける大都市圏という不名誉な記録を更新してきた。

ピッツバーグ大都市圏では、市町村段階の自治体の細分化が著しい。アレゲニー郡内の自治体数は一三〇を数える。二〇世紀前半までにピッツバーグ市が周辺自治体との合併を行った以後は、自治体の合併はほとんどなされず、人口規模数百人から二〇〇〇人未満の自治体が数多く存在する。財政規模過小のこれら自治体は、しばしば最低限の行政サービス提供すら不可能な事態に陥り、警察業務の近隣自治体への委託は珍しくない。また、公立学校も、複数自治体による学校区の設置が一般的になっている。だが、自治体そのものの合併にはつながらない。これは住民の独立志向を表しており、興味深い。

市町村の間には、郡政府やピッツバーグ市に対する反発や警戒心が常に前面に出される傾向がある。このため、市町村間の調整は、必要不可欠であるにもかかわらず困難である。

大都市圏全体を見た場合にも、ピッツバーグ市対アレゲニー郡、ピッツバーグ市対他の郊外自治体、アレゲニー郡対他の三郡というそれぞれの次元での対立が先立ち、広域的な施策の統一した執行は困難である。新たな郡政府の仕組みは、郡の広域政府としての役割を強めることも目的の一つにしている。郡長が広域の統一性、郡議会が多様性を代表すると期待されているのだ。

こうした自治体の細分化状態と効率的な広域政府の欠如は、経済開発や資本誘致のための統一された都市圏の窓口を欠くこととなり、大きな不利益をもたらしている。それは広く認識されており、この状態を解消すべく、複数の広域的組織が設置された。ところが、それらがさらに新たな窓口の重複をもたらすという皮肉な事態となっている。結果的に投資誘致の窓口が混在し、他の都市圏に遅れをとることになった。

公立学校に関しては、自治体とは独立の学校区・教育委員会（スクール・ディストリクト）が設置され、徴税権をもち、学校運営を行う。元来、個々の自治体が学校区を構成してきたが、現在では多くの場合、自治体の規模が小さいため近隣市町村の連合で設置されている。

2　消防と福祉に見る自治の精神

大半の自治体ではボランティア消防団

ペンシルヴァニア州には、約二〇〇〇の消防署と消防団組織が存在している。そのうち、常勤の消防士を雇用するのは大都市圏内の約五〇組織のみで、残りはすべてボランティアの消防団である。ピッツバーグ市は常勤の消防士を配置し、一部の郊外自治体は常勤をボランティアが補足する形態を取っている。しかし、周辺自治体のほとんどは、ボランティア消防団一本で運営している。ボランティアとはいえ、消防士となるには、言うまでもなく規定の訓練を修了し、資格を取らねばならない。

財政面については、州と地方自治体からの援助があるものの限られており、歳入の大部分は、住民からの献金や各種の募金活動に頼っている。寄付、献金を集めるための福引き券の販売、カレンダーの販売などは、見慣れた風景だ。

ピッツバーグ市近郊のエリザベス町（人口約一万四〇〇〇人）の消防団を例にとると、経費が六〇万ドル（約六〇〇〇万円）かかるのに対して、町予算からの援助は燃料費と保険料の名目で約一万六〇〇〇ドル（約一六〇万円）にすぎない。残りは募金活動で調達しなければならない。二〇〇〇年一〇月にボランティア消防団およびボランティア救急隊補助金法（州法）が成立したが、消防団への補助金額は九九〇〇ドル（約一〇〇万円）だ。とうていこれではまかなえないので、消防団は町当局に消防税の創設を働きかけている。だが、経済的に苦しい地域にある町としては、増税は実施しづらい。

貧しい自治体が警察を維持できなくなると、隣接自治体に費用を払ったうえで委任するか、それも不可能な場合には、非常措置として州警察が警察業務を肩代わりする。しかし、もともとボランティアでまかなっていた消防団が維持できなくなった場合、それに代わるべき方策は簡単には見つからない。住民は火事に際して大きな危険を負い、家屋保険費の値上がりという結果を被らねばならなくなる。

ペンシルヴァニア州において、こうした消防団が成立する条件の一つに、広大な農村部の存在があげられる。もちろん、フィラデルフィア市やピッツバーグ市は職住分離であり、消防団への依存は不可能だ。しかし、近郊住宅地である自治体にはまだ農村的性格が残っている。さらに、人口密度が希薄な農村地域では、火事に備えて職業消防士を雇用しておくのは財政上困難であり、ボランティア消防団が主体とならざるを得ない。ちなみに、救急医療は健康保険が適用され、利用者が料金を払うという原則がある。それゆえ民間事業者や第三セクターが運営できる財政条件があり、こうした団体による救急車の運行が広く行われている。

消防のような、夜警国家に含まれるであろう最低限の公共サービスの一つがボランティアによっているという事実は、何を意味するであろうか。

一つは、自治の精神が脈々と受け継がれている証拠だろう。自分たちの町は自分たちで守るというのは、簡潔極まりない自治の精神の表出である。ボランティア消防士であることは市民の誇りと捉えられ、親子何代も続ける例がしばしば見られる。

第二に指摘すべきは、市民の納税者意識の高さである。常設消防署を税によって運営するよりは、ボランティア消防団を選択するという態度は、良い意味でも悪い意味でも、税と公共サービスに対するアメリカ国民の根本的な思想の表れではないだろうか。潜在的反税意識がボランティア消防団の基盤であるといってもよい。肯定的に見れば、市民が自らの労力を提供することで政府の肥大を防いでいる。だが、同時に、必要最小限のサービスすら拒否する、極端な反税・反政府思想の表れと見ることもできる。

ボランティアが担う福祉

アメリカ連邦政府は九五年に、児童福祉給付を州政府へのブロック補助金とする変更を主とした福祉改革を実施した。それ以来、福祉政策における民間組織の役割が期待され、重点が政府による給付から民間互助へと移行していく。この土台にある思想は、自立自助である。政府が主役になるべきではなく、政府による福祉政策充実は福祉への依存を強めるだけで逆効果である、という考えが広く支持を集めたのだ。

こうした思い切った福祉政策の改変が行われた陰には、すでに民間団体が大きな役割を果たしていた経緯がある。キリスト教教会組織による慈善運動に端を発した民間のボランティア組織は、もともと手薄であった自治体・州・連邦の各次元における福祉政策を補充してきた。というより、むしろ民間の役割が主導的であったというべきである。

たとえば、ユナイテッド・ウェイという全国規模の組織がある。多くのチャリティ団体の寄付活動や資金援助をまとめて行う組織で、属する団体は障害者援助、児童福祉、老人福祉、家庭援助、健康増進など多様だ。アレゲニー郡では一〇〇近い団体がここから援助を受けている。これを大規模の代表とすると、小は町内の公園整備を行う団体に至るまで、ありとあらゆる分野に民間ボランティア組織が活動している。ボランティア組織がなければ、アメリカの福祉は成立しない。これも、一方では政府に頼らない自助意識の表出であるが、他方では反税・反政府思想の表れと見ることもできる。

3　公教育を支える民の力

任務が大きい教育委員への積極的な参加

学校区・教育委員会のあり方も、ボランティア精神の発露と見てよい。ピッツバーグ市のような大規模な学校区の政策決定を司る教育委員会の委員も、郊外の小規模な学校区の委員も、公選職で無給のボランティアである。学校区・教育委員会の仕組みを、ピッツバーグ市、および筆者が現在住む郊外のマウント・レバノン市（人口約三万人）を例に概説しよう。

ピッツバーグ市学校区は市域全体を運営し、九人の無給の教育委員（任期四年）が選挙で選出される。選挙は小選挙区制度で、九区を五区と四区に分け、それぞれが二年ずらした四年周期で改選される。実際の学校運営は、委員会によって任命される教育長の責務である。一方マウント・レバノン市の場合は大選挙区制の定数九人で、やはり一回の選挙で定数の半分が改選される。教育委員会に雇われた教育長が実際の学校運営を司るという形態も、ピッツバーグ市と同様である。

連邦教育省の権限が小さく、州政府の教育に関する権限も限られているため、教育委員会の責務は非常に重大だ。教育委員会は、学校予算、教員の雇用、教科書の採用、カリキュラムの決定、学校施設の整備などについて、最終的な決定を下す責任をもっている。教員組合との契約交渉はしばしば教員のストライキを招き、その際の組合・住民双方からの圧力は教育委員にとって過酷なものがある。教員組合との契約の更新期には、ストライキの有無が市民の大きな関心事となる。教員の給与を確保しなければ、優秀な人材を確保できない。しかし、それを捻出するための学校区税（ペンシルヴァニア州では固定資産税）率を上げることはままならない。教育委員は常に、この二律背反に直面する。

また、裕福な層が住む郊外の学校区の教育委員は、高学歴・高所得の保護者が「自治の精神」を発揮してさまざまな教育の局面に介入してくるのに、対応しなければならない。他方、貧しい層が住む学校区では、歳入不足に加えて、保護者の無関心・非協力という逆の問題に対処しなければならない。

マウント・レバノン市学校区は前者の例で、高学歴の保護者が自分の子どもたちにも当然の如く名門大学への進学を期待し、各種共通試験の成績や教育課程に目を光らせている。学校としての成績が振るわなかったり、教育内容に不満があったりする場合には、即座に異議申し立てを行う。それが郊外学校区保護者の典型的な姿である。今日ではEメイルのメイリングリストが保護者間で盛んに使われており、保護者の間での不満がより一層、増幅・噴出しやすい条件が生まれている。教育委員は、それに対処しなければならない。

ピッツバーグ市学校区は後者の例で、保護者の関心が低い。PTA会合や各種行事の参加者は常に不足し、低学力の学校だからこそボランティアの補助教員が必要であるのに、参加者が少ない。教育委員が旗振りしなければ、保護者の参加が期待できない状態にある。

では、このような苦労ばかり多く、報われることの少ない職務に立候補する住民がなぜ、必ず出てくるのだろうか。よく言われる理由の一つは、教育委員が政治家としての階梯の第一歩であり、将来自治体や州で政治家を志す者にとって格好の出発点になるということである。確かに、自治体や州の議員の経歴を見れば、教育委員であった者がいるのは事実だ。しかし、大多数の教育委員は、次の段階を考えずに責務を果たしているようである。

筆者が地元で行った、限られた聞き取り調査の結果では、市民として、あるいは保護者の義務として、この仕事を志している場合がほとんどだった。他の公選職に進むことを考えている教育委員はいない。実際に過去二回のマウント・レバノン市の選挙記録を見ても、教育委員の再選挙に出ている以外、他の選挙に出馬した例は見当たらない。また、二〇〇〇年一二月現在ペンシルヴァニア州選出の下院議員は二一人いるが、そのうち学校区・教育委員が政治家として最初の選挙であった議員は二人である。これを多いと見るか少ないと見るかは、意見が分かれるだろう。だが、少なくとも教育委員が政治家としての不可欠な第一歩とは、とうてい言えない。

とすれば、無給の教育委員になり手がいるという事実自体が自治の精神の発露と見て、あながち的外れではないであろう。

広い領域をカバーする、学校でのボランティア活動

アメリカの公立学校を訪れて驚くことの一つは、保護者を主としたボランティアの活動領域の広さである。教師の宿題採点補助、図書室の管理運営、給食の手助け、さらには学習が遅れた児童・生徒のための補習授業など、日本では考えられないほどに多様なボランティア活動が制度化されている。これらの活動の源泉は、おそらくは自分たちで労力を出し合って校舎を建て、資金を募って学校を運営してきた、公立学校発足以来の伝統であろう。

筆者は、以前に住んでいたピッツバーグ市内の小学校で、算数の補習個人指導のボランティアをした経験がある。息子が通う学年の廊下で一人一五分ずつ、算数がわからなくなった子どもを教えるという役割だった。児童虐待を防ぐために、こうしたボランティアはすべてＦＢＩによる犯罪歴調査を

受けねばならない。この書類審査にまず、アメリカ社会のむずかしさを認識させられた。

多くの子どもたちは典型的な崩壊家庭で暮らし、家で勉強を見てもらえる環境にない。小学校一年生で、早くも遅れてしまう。このほか、学校行事というと、ほとんど出ずっぱりで手伝いに行く羽目になった。ボランティアをする保護者の絶対数が不足しているからである。いつも、同じ顔ぶれの少数の保護者がボランティアし、手が足りない。そして、参加者の間に、アフリカ系アメリカ人がほとんど見られない。

その理由の一つは、ピッツバーグ市内で学校の人種構成の釣り合いをとるために、遠くの町内からアフリカ系アメリカ人の児童・生徒をバス通学で運んでいるためである。自動車を持たないアフリカ系アメリカ人家庭も多い。スクールバスで子どもは学校に来られても、保護者は不便な路線バスの乗り継ぎをしないと来られない場合が多いのである。

マウント・レバノン市では、日本語を小学生に教えるボランティアをしている。ここではピッツバーグ市内の小学校と正反対で、保護者のボランティアが多すぎるほどだ。教育熱心な保護者が、もともと富裕な層が住む学校区でボランティア活動を活発に行うのであるから、子どもたちの勉学条件はこの上ないものになる。高校にすら、保護者による補習教室が設けられている。ボランティア活動が教育の中枢に組み込まれているのが、郊外学校区の姿である。

ボランティアがもっとも必要とされる学校には足りず、さほど必要ではない学校にはあり余っているという皮肉な対照は、以下に述べるような大きな問題を暗示している。

4　地域格差と排他主義

進まない教育環境の平準化

自治の精神とは、逆から見れば排他主義である。ある一定の地域を自分のものとして治めることは、その地域に「外部者」を入れない排他主義にもつながる。

アメリカの自治は、裕福な層が住む地域ほどうまく機能している。多くのボランティア参加が可能であり、住民の自治への関心が高いのは、裕福な層が多い郊外自治体である。それに対して大都市中心部は、すべからく貧困の影響を受け、自治・参加の制度が機能していない場合が多い。そして、この両地域は制度上も政治力学上も実質的に分割・隔離されている。

住民が自ら納める税金を自分たちだけのために使うというのが、アメリカ自治体の成り立ちである。この思想がどのような悪影響をもたらすか、再び教育を例に考えてみよう。

アメリカの学校区は伝統的に固定資産税を財源として運営されてきた。自分たちの町の子どもたちは自分たちが望むやり方で教育するというのが、学校制度の歴史的成り立ちだ。このため、現在でも、州による教育施策に対しては根強い反発がある。まして、連邦政府による教育施策は、とうてい受け入れられない官僚主義的介入とする見方が存在する。

州次元において、学校区相互の財政力不均衡を正す仕組みは、ほとんど発達していない。九〇年代に入り、ミシガン州をはじめとしていくつかの州で、税源を固定資産税から州の所得税に変えたうえで、平衡交付金的な性格をもたせた教育財源制度を発足させる改革が行われた。しかし、大勢は旧来の固定資産税を主財源とする制度のままである。

この制度の問題は、容易に想像できるように、硬直性にある。とりわけ、経済的に苦しい層が多い学校区では、人口減↓資産価値の低下↓税率の増加↓それを嫌う住民の流出↓人口減によるさらなる税源の喪失↓教育水準の低下↓さらなる経済衰退という悪循環にはまり、最低限の教育も提供できない結果になる。ピッツバーグ市周辺のかつての製鉄所城下町では、高炉の閉鎖によって仕事を求める就労年齢層人口が流出し、もはや町としての体裁をなさなくなっている自治体が多い。その反面、裕福な層の多い学校区では逆の好循環が起き、貧富の差がより一層拡大していく。

ペンシルヴァニア州内全体を見ると、大都市近郊の裕福な層が住む学校区と、農村部や衰退した工業都市の学校区の間には、児童・生徒一人あたり支出額で最大三倍もの違いが存在する。ピッツバーグ大都市圏の内部だけでも、一・五倍を超えている。そして、この差に加えて、前述したようなボランティアや家庭環境の差が存在するのである。

連邦補助金や州補助金の額は、この差を是正するにはもとより足りない。結果として、貧しい層が住む地域の子どもたちは、小学校の時点ですでに不利な立場にたたされる。貧困の再生産である。ペンシルヴァニア州では、州主催の標準学力試験が実施され、学校ごとの平均点が公表される。その高得点校は例外なく郊外の富裕学校区に属し、低得点校は大都市内と衰退した工業都市と純農村部の学校区に、きれいに分布してしまう。

この状況を改革しようとする積極的な動きは、ペンシルヴァニア州では見られない。州主導の唯一の施策は、破綻した学校区を州が実質的に肩代わりする緊急避難措置で、ピッツバーグ市周辺では三つの学校区がその指定を受けている。根本的な格差解消策が見られない理由は、裕福な層の保護者の間に、自分の子どものために排他的な好環境を買ったという意識が強いからである。後述する人種問題がこの感情に強い影響を与えていることを指摘しておきたい。

こうした状況で、州政府による教育環境平準化の試みは政治的な後押しを欠いてきた。公立学校の改革は、私立学校や自分が住む学校区以外の学校に子どもを送るための授業料引換券（スクール・ヴァウチャー）や、チャーター・スクール（公立学校区の予算内で、外部団体に学校を運営させる試み）という、政治的に問題が大きい（憲法論争や民主党と共和党の対立）施策をめぐる論争に焦点が置かれている。もっとも急がれるべき直接的学校間格差解消は、政策論として取り上げられていない。

極端な人種構成

マウント・レバノン市で二〇〇〇年四月に、人種差別に根差した連続射殺事件が発生した。アジア人四人、ユダヤ系とアフリカ系アメリカ人各一人が、三〇歳代の欧州系アメリカ人に殺された事件である。犯人は、移民法や貿易法を専門とする法律家であり、反移民感情を募らせた結果、見ず知らずの犠牲者を白昼射殺して回った。立ち回り先の半分は、筆者の住む町内であり、残る犯行現場も買い物で出向く機会が多いところだった。地理的な近さに加えて、アジア人が標的となった事実が、この事件を筆者にとって特別な意味をもつできごとにした。

この犯人は、マウント・レバノン市で小学校から高校までを過ごした。筆者の息子が通う小学校には、三〇〇人の児童中、アフリカ系アメリカ人は一人もいない。アジア人、アジア系アメリカ人があわせて一〇人未満、残りはすべて「白人」である。なぜ、このような人種構成になっているのか。それは、社会的・経済的に、アフリカ系アメリカ人や他の少数民族系アメリカ人が、郊外に住むことが困難だからである。一方ピッツバーグ市学校区では、アフリカ系アメリカ人が半数を占めている。

こうした極端な人種構成は、マウント・レバノン市に限らず、ピッツバーグ大都市圏の郊外学校区では、いくつかの例外（衰退した小規模な工業都市）を除いて、普通に見られている。郊外住宅地では、アフリカ系・ヒスパニック系・アジア系の生徒はあわせて一〜二％しかいないのが通例である。

この射殺事件の犯人が、こうした学校のあり方に影響を受けなかったわけはない。むろん、学校での、また住む地域での異人種・異文化とのふれあいがなかったことのみが、犯人をこの殺人に駆り立てたのではないだろう。しかし、アジア人の目から見れば、異常な人種構成が犯人の思想に影響を与えたことは間違いないと思われる。

筆者の息子は二年生までピッツバーグ市内の小学校に通っていた。そこでは、クラスの半数がアフリカ系アメリカ人であり、四分の一がアジア人を主とする外国人の子どもたちであった。息子にとって、さまざまな背景をもった友人を自然な形でつくれた経験は、何物にも代えられない学習である。

社会的には、市内の小学校は素晴らしい場所であった。

しかし、教育の面ではどうであったか。ピッツバーグ市内の多くの児童は、崩壊した家庭の子どもたちである。ほんの少しでも家庭で指導してもらえれば勉強についていけるであろうに、それがないために、一年生にして早くも落ちこぼれてしまいつつある子どもたちが多かった。また、児童数の減少から予算が削減され、教師を一人減らさねばならず、美術の教師と司書の教師とどちらを削るべきかなどという議論がPTAで行われるありさまだった。教育環境そのものについては、市内の学校が抱える問題は明らかである。

こうした状況に対し、たとえば郡単位で平衡交付金制度を導入し、現在はピッツバーグ市内だけで行われている人種比率調整のための強制バス通学を郡単位に拡大すれば、市内の学校の充実をはかる目的と、郊外の極端な「白人」中心主義を是正できるだろう。また、授業料引換券政策を貧しい層の子どもたちの学校選択のために導入するのであれば、彼らを郊外の「良い学校」に通わせるための無料の通学バス運行を併せて実施することが必須である。

しかし、こうした学校格差解消のための提案は、おそらく永久に実現しないであろう。それは、多くの郊外の「白人」にとって、「白人」のみのコミュニティの維持が至上の目的となっているからである。言い換えれば、アメリカの自治を理解するためには、人種分離・人種隔離という裏面にも注目しなければならない。そして、日本の自治を考える際に、こうしたアメリカの自治の暗部を反面教師としなければならない。

第6章　清掃行政と公民協働

山本耕平

1　市民と行政の協働が求められている

二〇〇〇年五月の国会で、「循環型社会形成推進基本法」「資源の有効利用の促進に関する法律」をはじめ、食品廃棄物や建設廃棄物のリサイクル法など、循環型社会に向けた新たな法制度が制定された。

バブル経済の崩壊以後、ごみ量の伸び率は鈍化し、東京都では一九八九年をピークに一〇年間で約二〇％も減少した。しかし、全国では年間に約五〇〇〇万トンの一般廃棄物と四億トンの産業廃棄物が発生し、七〇〇〇万トン以上が埋立処分されている。日本全体で一年間に約二二億トンの資源を使っているが、その二割が廃棄物になっており、四〜五％が埋め立てられているのだ。つまり、排出されるごみを川下で受けとめる体制づくりだけでは対処できない状況に、すでになっているわけである。新たな法制度は、発生の抑制やリユース（再使用）、リサイクルという川上対策が強化された点で、重要な意義をもっている。

しかし、川上での対策が強化されても、ごみ処理の現場を受け持つ自治体が抱える問題が、一気に解決するわけではない。ダイオキシン対策やリサイクルのために、焼却施設やリサイクル施設の整備が緊急の課題となっているし、施設整備の遅れから大幅なごみ減量を求められている自治体も少なくない。一方で、ＮＩＭＢＹ（Not In My Back Yard、自分の裏庭はイヤ）という住民の感情によって、埋立処分場も焼却施設も、リサイクル施設でさえ、新たな立地は困難である。

ごみ問題は、企業や行政の責任を追及するだけでは解決しない。使い捨ての商品やリサイクル困難な商品が売れるという事実は、消費者側にも責任の一端があるからだ。ごみ処理施設の立地問題についても同様である。施設を必要とするのは市民であり、自治体ではない。問題のツケを自治体に押しつけながら、自治体の対策に反対するだけでは、自分勝手すぎるのではないか。自分の家の近所に造ってほしくないという気持ちはわかるが、それではどこに適地を求めればよいのか。よその地域に造れというだけでは、あまりに無責任ではないか。行政側の意見は、だいたいこのようなものだろう。

一方、市民の側から見れば、行政は処理施設を造って事足れりと考えているのではないか、処理施設による環境汚染への不安を軽視しているのではないか、という疑念がある。ごみを大量に排出する経済の構造をそのままにしておいて、特定地域の住民だけが迷惑を被るというのは、感情的にも納得できない。

双方、総論としては理解できるだけに、意見が対立した場合の解決はむずかしい。しかし、お互いにジレンマを乗り越えようと努力してきたかどうかも問われるところである。そこで、市民と行政の協働が求められる。

協働というのは、自治体職員と市民が力を合わせて、地域社会の福祉の向上をめざす活動の体系である。そこには、単に市民と行政が仲よくするという以上に、さまざまな意味が付与されている。従来の市民参加は、行政の意思決定過程への参加という意味合いが強い。一方、協働は、相互に主体性を尊重しながら合意形成を図っていくことであり、さらにその具体化や実践をともなうものである。平たくいえば、行政と市民が共に知恵を出し合い、共に汗を流しながら現実的な方策を決定し、実践していくことである。

清掃行政においては、資源分別収集の嚆矢とされる静岡県沼津市のように、現場職員と市民との協働によって新たなシステムを導入した事例が各地で見られる。だが、他方で、施設建設のように市民と行政が対立するケースも少なくない。こうした場合の合意形成の手法自体まだ未成熟であるが、ともあれ協働による取組みを進めていくには、百の議論よりも一つの実践である。筆者はそう考えて、多くの自治体の問題に取り組んできた。本章では、ごみ処理施設計画をめぐる公民協働の事例と、ごみ非常事態宣言のもとでさまざまな主体が協働している事例を紹介し、清掃行政における新たな方向性を展望してみたい(1)。

2 リサイクルセンター建設と政策形成

ごみ市民委員会と用地選定

東京都狛江《こまえ》市は、人口約七万三〇〇〇人、面積六・四km²、世田谷区に隣接する小さな住宅都市である。ごみの中間処理・最終処分ともに、市外の事務組合の施設に依存している。九一年五月に、資源ごみの処理を委託していた業者の施設がある西多摩郡瑞穂《みずほ》町で、町外のごみ搬入について強い批判が起き、缶・びんの搬入が拒否されるという事態が生じた。そのため急遽、自前で缶・びんの資源化施設(リサイクルセンター)の建設を決め、用地取得と施設の設計を急いだ。

市が取得した土地は、市役所のすぐそばの梅林だった。市内でここだけが準工業地域に指定されているとはいえ、保育園、マンション、戸建住宅に隣接する、この種の施設としては「最悪」の立地条件である。近隣の住民にとっては、まず用地選定手続きがあまりに唐突だった。だが、それ以上に、市がごみ問題についての基本方針や長期計画をもたず、場当たり的な対応をしていることに対する憤りの声が大きかった。

結果的に、議会で可決された用地案は凍結され、ごみ処理の基本計画を策定するなかでリサイクルセンターの建設の是非も検討することになる。そして、一二月に「狛江市一般廃棄物処理基本計画策定委員会」（寄本勝美委員長、以下、こまえごみ市民委員会）が発足する。

こまえごみ市民委員会は、市民委員一二名と専門家委員として学識経験者六名で構成され、行政は事務局に徹して委員会の活動をサポートするという体制で発足した。ちなみに、この委員会の開催回数は特筆すべきことのひとつであろう。全体委員会、市民部会、専門家部会を合わせて一年間に約五〇回を数え、学習会などを含めると七〇回を越えたのである。さらに、ごみの組成調査や家庭でのごみの実態調査など各種の調査、広報紙の編集についても、市民が労力を提供した。

用地選定の経緯の詳細は省略するが、改めて建設可能な公有地（公園やグランド、市役所駐車場も含む！）を洗い出し、面積や用地取得の難易性などを考慮して選定。市役所駐車場と当初予定地の二カ所を候補地とする中間答申をまとめた。候補地周辺住民からは再び反対の声も上がったが、公開の場で市民主導で審議してきた意義は大きかった。隣接するマンションや戸建住宅の住民も委員に加わることを了承し、行政対住民という対立の構図から、市民同士の対話という形で次のステップに進むことになる。(2)

そして、騒音や臭気、交通問題など懸念される生活環境への影響を防止するための方策を詳しく検討し、最終的には専門家委員の判断に委ねられたものの、事実上は全員の合意として当初予定地が選択された。その後、建設市民委員会を設置してすぐに具体的な検討に入り、景観にも配慮した施設が建設されることになる。リサイクルセンターは九四年一〇月に完成し、懸念された問題は現在まで起きていない（図1参照）。

図1　狛江市の取組みのフロー

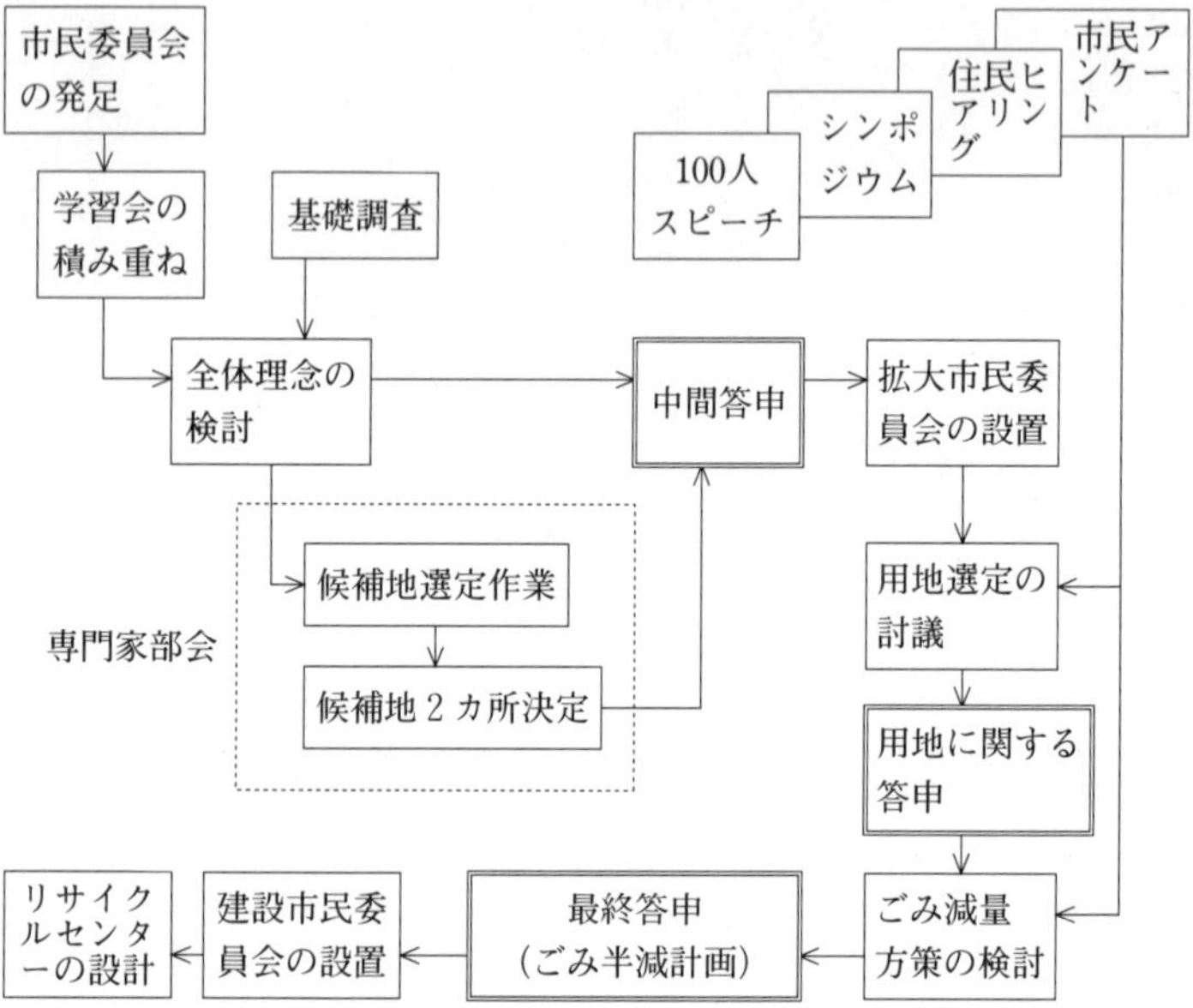

公民協働によるごみ半減計画の策定

用地選定とその後の「ごみ半減計画」の政策理念は、「自区内処理原則[3]」を前提として、市内にリサイクル施設を建設し、あわせて家庭での「ごみ半減」をめざすというものである。現実に市内にごみ処理施設をもたない以上、自区内処理は観念にすぎないが、この考え方に立脚しなければリサイクルセンターの建設の妥当性は見出せない。そのため、市内に施設を建設することの必要性について相当の時間をかけて議論を重ね、市民アンケート調査などを行いながら、合意形成に努めた。

　こまえごみ市民委員会の中心となった市民は、他都市の取組み状況などを自らの足で丹念に調べ上げ、こう述べている。

「私たちは、決してビン缶中間処理工場の建設に反対しているのではありません。私たちの大切な税金で建てられるのですから、もっと長期的な視野に立って、長い使用に耐える、きちんとしたものにしてほしいのです」（周辺住民の制作した「ビン缶中間処理工場に関する資料」）

いずれにせよリサイクルセンターを建設するには、市民全体が自区内処理の考え方を理解し、納得してもらうことが必要である。そこで、こまえごみ市民委員会では、問題意識と理念の共有を目的として、多くの活動を展開した。たとえばユニークなイベントとして、駅前で一カ月間、毎日三〜五人の市民がごみについてショートスピーチをするという「こまえごみ一〇〇人スピーチ」がある。「ごみ友達の輪」は広がって、一三五人もの市民が演台に立った。これは、すべて市民の発案と運営によっている。シンポジウムや公開ヒアリングなどを含めて、さまざまな形で委員会の活動を市民にアピールするとともに、多数の市民が参加できる機会を設けたのである。

そして、一般廃棄物処理基本計画（こまえごみ半減計画）では、「自区域内処理の原則をふまえて、市民が自らの排出するごみに対して責任を持つ」「環境保全型のための循環型都市をめざす」「ごみ半減都市の実現をめざす」の三つの理念を掲げ、計画目標として「ごみとして処理する量を二〇〇二年までに五〇％減量する（ごみ半減）」ことを提言した。「ごみ半減、私の家から狛江から」をキャッチフレーズに、一人ひとりがごみの排出抑制に努めるとともに、分別の徹底によって焼却ごみを半分にしようというものである（九九年度では約二五％減まで達成したが、半減には至っていない）。

この目標設定自体が当時としては画期的であった。また、ごみ減量の責任は行政ではなく市民にあることを明確にし、「ごみ半減推進検討委員会」を設置して行政と市民が協働して目標到達をめざすことも、提言している。

一連の過程では、行政と市民は対立する場面も多かったが、全体をとおしてよりよい政策を創るためのパートナーとして行動した。立場の違いを認めながら、ときには共に汗を流すことで相互の信頼を構築し、市民の全体利益に立脚した結論を出せたと言えるだろう。市民の能力、専門知識、行動力がいかんなく発揮された。そして、単なる行政批判や対立ではなく、行政と市民が同じ土俵の上で「狛江市のごみ問題をどうするのか」という根本的な課題に取り組み、議論だけでなく市民への啓発や情報提供、調査活動などに互いにパートナーとして汗を流したのだ。それが互いの信頼関係を醸成し、新たな政策形成の成功につながった。

3　脱焼却・脱埋立のごみ処理をめざして

ごみ処理施設の再生計画

東京都東村山市は人口約一三万五〇〇〇人、多摩地域のなかでもっともリサイクルが進んでいる自治体のひとつである。八五年からびん・缶の分別収集とともに、リサイクルと福祉やまちづくりの結合をめざした「アメニティ・リサイクルタウン計画――ごみを活かす快適なまちづくり計画」の策定に着手。現場職員の参加、障害者が働くリサイクルセンター「とんぼ作業所」や、現場職員によるリサイクル工房「とんぼ工房」の開設など、ユニークな取組みが話題を呼んだ。

ごみ処理・屎尿《しにょう》処理施設は埼玉県所沢市との市境にあり、秋水園という。両施設とも老朽化し、建て替えが急がれていた。九一年に近隣四市で構成する一部事務組合の柳泉園組合に加入して施設を統合する方針が打ち出されたことに、市民が反対する。広域化は、これまで現場や市民が努力してきた仕組みを変えることになるうえ、一部事務組合という制度が市民の声を直接反映しにくいからである。

九四年には、市民を交えた「広域化問題に関する懇談会」を設置して議論した結果、広域化は白紙撤回された。そして、改めて秋水園を単独施設として再生する方策を検討するために、九五年四月に「秋水園再生計画策定市民協議会」（渋谷謙三会長、以下、市民協議会）が発足する。

市民協議会は九六年四月、「秋水園再生計画書」を市長に提出した。このなかで「脱焼却・脱埋立による資源循環型のまちづくり」「秋水園を廃棄物処理施設から資源化の拠点に転換し、迷惑施設から快適環境施設へ変える」「計画実現まで市民参加を貫く」という三つの基本理念を掲げた。さらに、一〇年後にはごみの九〇％を何らかの形でリサイクルするという構想も打ち出す。現在行っているびん、缶、ペットボトル、古紙などの分別に加えて、生ごみの堆肥化、プラスチックのリサイクル、固形燃料化などによって徹底したごみ減量化を図り、西多摩郡日の出町の広域処分場への搬入をゼロにするというのが最終目標である。

市民の熱意と信頼関係の形成

市民協議会は、二名の学識経験者と一三名の市民、職員労働組合二名、市当局三名で構成された。全体会と分科会、ワーキングチーム、他都市の視察、広報紙「とんぼ風だより」の編集、シンポジウムの開催を合わせて、一年間にのべ一六七回の会合を開いた。狛江市の例をはるかにしのぐ回数だ。これだけでも、市民の熱意と市民協議会の雰囲気がわかるだろう。

東村山市では市民協議会の事務局担当として「ごみ問題対策室」を設置し、市民側からも事務局担当を出した。職員の半数以上は、清掃行政は初めてという「素人」で、結果的にはそれが市と市民のパートナーシップ形成のプラスになったといえる。当初は行政不信から市民も事務局運営にかかわったのだが、たび重なる話合いのなかで信頼関係が生まれ、市民が事務局を補佐するという関係に至った。

東村山市の場合、市民はほとんど専門家はだしになった。それだけに議論は白熱し、同時に責任もともなう。通例は行政が行うごみの組成調査やアンケート調査、他都市の視察まで市民が自ら企画し、実行するのである。その分、市民の負担はきわめて大きい。自腹を切って視察に出かけたことも少なくない。労力も同様である。その負担の大きさは、熱意でカバーしているが、エネルギーの継続は並大抵ではない。まして構想の内容は、一〇年では実現しないかもしれない。同じテンションでかかわり続けることはとうていできないだろう。

計画を実現するには、財政問題、市民全体の意識や行動など多くの問題をクリアしていかなければならない。やはり市民と行政が信頼関係の上に立って、行政にある程度預けていくことにならざるを得ない。そのために市民は「政治」という装置にも関心を高め、メンバーから市議を出すなど市政全体に積極的に関与していこうとしている。

4　NPOの積極的活動

ごみ非常事態宣言と推進プラン21

名古屋市は九九年二月、藤前干潟に予定していた最終処分場の建設を中止するとともに、ごみ非常事態を宣言した。二年間で二〇万トン（約二〇％）の減量を目標に掲げ、「市民・事業者・行政のパートナーシップのもと、大量廃棄型社会からの訣別、そして、『ごみ減量先進都市なごや』の実現」を提唱している。

藤前干潟を保全しようという運動は、地元市民だけではなく全国的な干潟保全運動と連携して、大きな世論となった。環境庁の介入があったものの、代替地の見通しがないままに計画を中止するというのは、名古屋市にとって大きな決断である。一方、干潟の保全を主張する市民にとっても、ごみ問題は大きな課題となった。計画中止の影響は、自らの責任としてもはね返ってきたのである。いわば、市民が投げたボールを市が受けとめ、再び市民に投げ返されたようなものである。

こうした事態を奇貨として、ごみ減量先進都市をめざそうという名古屋市の姿勢は高く評価されてよい。九九年六月には各分野の学識経験者八名（筆者もその一人として参画した）による「ごみ減量先進都市なごや検討委員会」を設置し、「『ごみ減量先進都市なごや』21世紀への提言」をとりまとめた。また、事業ごみの全面有料化、空き缶・空きびん分別収集の全市展開、指定袋制の導入など、取り得るべき対策に次々と着手。二〇〇〇年八月からは他の大都市に先駆けて、「その他プラスチック製容器包装」「その他紙製容器包装」[4]の分別収集にも踏み切っている。

市民の行動の場を提供する中部リサイクル運動市民の会の活動

市民側からもさまざまな動きが活発化した。その中心的な役割を果たしているのが「中部リサイクル運動市民の会」である。同会も、干潟を保全する立場に立って運動を展開してきた。

中部リサイクル運動市民の会（NPO法人、萩原喜之代表）は、八〇年に設立された。「リサイクル運動市民の会」（東京）を嚆矢として、「関西リサイクル運動市民の会」（神戸）をはじめ、九州、沖縄など全国でリサイクル運動が産声を上げた時期である。その後、名古屋を拠点として、不用品情報の仲介やフリーマーケットの開催、資源回収、有機野菜の販売、リサイクル商品の開発と販売など多角的な活動を展開してきた。

そのひとつに「リサイクルステーション」がある。スーパーやホームセンターの駐車場を借りて資源回収を行うもので、買い物ついでに資源を持ってくる人で賑わっている。有価物でない食品トレーなども引き取っており、運営にかかるコストは地元企業のスポンサーをあおいでまかなってきた。当時の名古屋市では資源分別収集の普及が遅れており、市民の要望に対してなかなか腰をあげようとしない行政に対するひとつの提案でもあった。行政はその後、若干の補助金を交付するに至ったが、経費の大半はいまもスポンサーによるものである。

非常事態宣言以後、リサイクルステーションでの回収量は一〇倍に増えた。当初は中部リサイクル運動市民の会の募集したリサイクラーと呼ばれるボランティアスタッフが、各会場運営を行ってきたが、非常事態宣言以後は地域でステーションを運営するケースが増えている。市民の会は、回収業者の手配や費用の支払いといった裏方の業務を行っている。

ここで、ごみ非常事態宣言以後の中部リサイクル運動市民の会の活動をあげておこう（図2参照）。

①ごみ減量アクションプログラムの提案

名古屋市の目標より多い三〇万トンの減量目標を掲げた独自のごみ減量行動プランを提案した。(5) 市のプランが、直営による分別収集の拡大など、行政主導の事業を中心としているのに対して、リサイクルステーションの拡大やごみの有料化、事業系ごみの減量など、排出者責任を明確にして、民間主導による仕組みづくりの拡充を提案しているのが注目される。

②「名古屋ルール」の提案

アクションプログラムを市民や事業者と共有のものにしていきたいと、ごみ減量のための「名古屋ルール」づくりを提唱している。名古屋ルールとは、ごみ減量のための分別、事業者の取組み、市民活動に対する行政の支援や協働、ごみの有料化など費用負担の原則について、全市民的なルールをつ

図２　中部リサイクル運動市民の会の活動体系

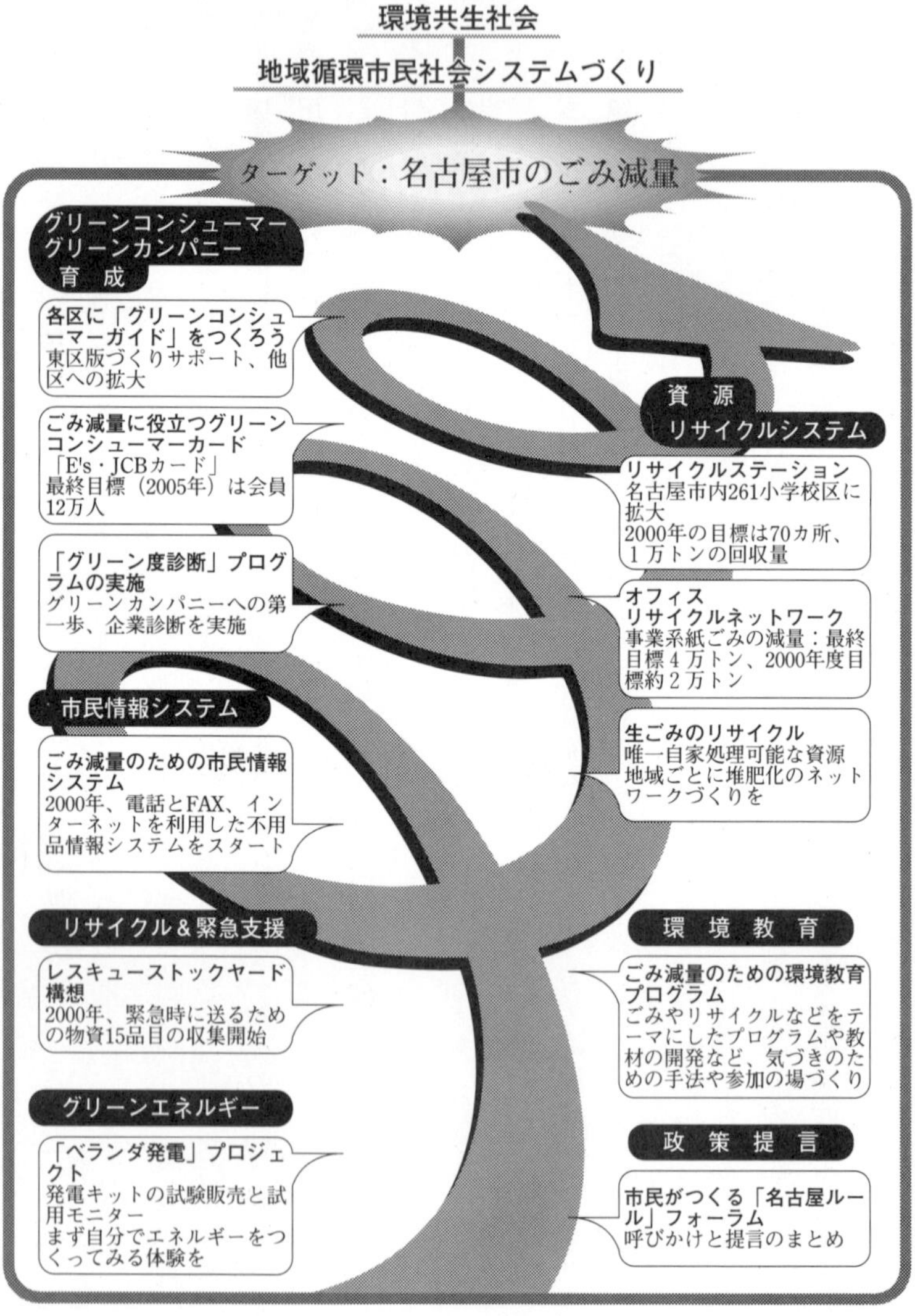
環境共生社会
地域循環市民社会システムづくり
ターゲット：名古屋市のごみ減量
グリーンコンシューマー
グリーンカンパニー
育　成
各区に「グリーンコンシューマーガイド」をつくろう
東区版づくりサポート、他区への拡大
ごみ減量に役立つグリーンコンシューマーカード
「E's・JCBカード」
最終目標（2005年）は会員12万人
「グリーン度診断」プログラムの実施
グリーンカンパニーへの第一歩、企業診断を実施
市民情報システム
ごみ減量のための市民情報システム
2000年、電話とFAX、インターネットを利用した不用品情報システムをスタート
リサイクル＆緊急支援
レスキューストックヤード構想
2000年、緊急時に送るための物資15品目の収集開始
グリーンエネルギー
「ベランダ発電」プロジェクト
発電キットの試験販売と試用モニター
まず自分でエネルギーをつくってみる体験を
資　源
リサイクルシステム
リサイクルステーション
名古屋市内261小学校区に拡大
2000年の目標は70カ所、1万トンの回収量
オフィス
リサイクルネットワーク
事業系紙ごみの減量：最終目標4万トン、2000年度目標約2万トン
生ごみのリサイクル
唯一自家処理可能な資源
地域ごとに堆肥化のネットワークづくりを
環　境　教　育
ごみ減量のための環境教育プログラム
ごみやリサイクルなどをテーマにしたプログラムや教材の開発など、気づきのための手法や参加の場づくり
政　策　提　言
市民がつくる「名古屋ルール」フォーラム
呼びかけと提言のまとめ

くっていこうというものだ。全市民的な合意形成を図っていくために、さまざまな主体に呼びかけたシンポジウムをたびたび開いてきた。

③事業系古紙回収システム「O―NET」（NPO法人）の組織化

東京都が事業系ごみの収集を全面有料化（家庭ごみといっしょに無料で収集してきた、排出量の少ない事業所のごみの有料化）した三年後の九九年秋、名古屋市はようやく全面有料化に踏み切る。だが、事業系ごみの大きな比率を占める古紙類のリサイクルルートは整備されていなかった。東京都は、東京商工会議所や回収業界とタイアップして「東商エコリーグ」と呼ばれる古紙回収システムの構築の支援を行った。名古屋市では、中部リサイクル運動市民の会を中心に「O―NET」（オフィス古紙リサイクルネットワークの意味）をつくり、独立したNPOとしてスタートさせている。

④E's カード

リサイクルステーションには名古屋市から一回につき五万円の補助金が交付されるようになったが、回収量は急増し、一ステーションで一〇トン以上の資源が集まることもある。そのため、補助金やスポンサーの支援だけではまかないきれなくなった。そこで、独自の資金調達方法として、クレジットカード会社と提携し、カード利用に応じて一定比率の寄付が入る仕組みを取り入れた。「E's カード」と名付けて、支援してくれる市民に加入を呼びかけている。

⑤新聞販売店の協力

リサイクルステーションでの回収量の急増には、新聞販売店の協力がある。中日新聞販売店のネットワークが、無料でリサイクルステーション開催案内を折り込みチラシでPRしてくれるほか、ごみ問題に関するニュースレターを中部リサイクル運動市民の会のアドバイスによって販売店が独自に制作し、配布している。

こうした中部リサイクル運動市民の会の取組みは、行政の施策と対立するものではない。ごみの有料化や排出者責任の強化など、市民と行政が対立しがちな争点を市民同士の問題として提起し、名古屋のごみ問題を市民が共有すべき問題であると主張している。

言うまでもなく、ごみ問題は行政だけの責任に帰する問題ではない。むしろ、市民の責任こそが大きく問われるべきである。しかし、その責任を理解できたとしても、一般には市民自らが果たせることは少ない。中部リサイクル運動市民の会の活動は市民自身が行動できる場を提供したという点で、大きな意義をもつ。

また、結果的に、行政が過度に関与しないことで、市民活動の自主性と自立性、創造性を存分に発揮させた。市民サイドから見れば、市民活動が行政の施策形成に大きな影響を与え、焼却・埋立型のごみ処理から循環型のシステムへの舵取りを促したといえる。

5　多様な主体間の協働が循環型社会を創る

これらの事例をとおして、次の三点がはっきりしたと言えるだろう。

第一に、市民にはさまざまな専門家がおり、専門的問題を理解し、公共の利益に立った結論を出せるだけのポテンシャルが十分にある。

狛江市では、雑誌編集者やルポライターなどの女性がこれまでの市の施策や事情、他都市の事例などを取材し、市民にわかりやすい形でレポートを作成して、市に問題を問うたところから始まった。東村山市では、市民は精力的に学習して市の担当者のブレーンというべき役割を果たすほどとなっている。ごみ問題に取り組む各地の市民ともネットワークし、情報収集能力は行政をもしのぐほどであった。中部リサイクル運動市民の会は、行政マンやコンサルタント、学者などのブレーンを豊富に抱えている。ここにあげた事例以外にも、政策提案型のNPOが地域や国の政策形成に発言力を増しつつある。(6)

第二に、協働を可能にするカギはむしろ行政側にある。行政が市民の能力や理性を信頼するかどうかによって、協働の態様は変わってくる。行政だけが公共政策のプロであるという考え方に立つかぎり、協働は成り立たない。市民のポテンシャルを活かす力量が行政に必要である。

狛江市では、市民の力量がトップを動かし、当初計画を白紙撤回して再スタートした。東村山市では、行政は市民協議会の事務局に徹し、市民同士の議論に結論をほとんど委ねた。もちろん、従来的な観点から、行政が強くリードすべきで市民任せにするのは無責任であると、市の姿勢をとがめる意見がなかったわけではない。だが、かかわった市民は全体の利益を代表して議論し、行動してきた。中部リサイクル運動市民の会は、行政から自立的に事業を進めてきた。だからこそ、藤前干潟問題において行政に批判的立場を取りつつ、ごみ問題においては行政の役割を補完し、一般市民に対して厳しい問題提起を行えたのだ。行政のプランに比肩するごみ減量プランを提案しているが、名古屋市はこのプランをうまく利用しようとしており、市民サイドもそれをむしろ歓迎している。

第三に、合意形成、地域の政策形成における協働にはそれなりの戦略と手法が必要である。また、コーディネーターの役割の重要性も強調しておかねばならない。

狛江市と東村山市のケースは、初めから協働が可能であったわけではない。当初は、市民と行政は対立していた。協働による取組みにおいてなにより重要なことは、相互不信の融和である。そのポイントは、市民と行政が同じ情報のレベルで議論できるようにすることだ。そのために、コンサルタントとしてかかわっていた筆者は、当初は学習会や視察を重ね、実質的な審議に入るまでにかなりの時間を割くことを提案した。

これらのケースでは、ごみ問題に関する専門的情報もさることながら、合意形成に向けた手順を意識し、参加と協働による作業を取り入れて進めてきたことがカギとなった。ごみ処理施設という、往々にして行政と市民が対立する問題領域では、協働コーディネーターとでもいうべき、市民と行政の橋渡し役の存在が大きい(7)。言い換えれば、協働にはそれなりの「仕掛け」が必要である。その仕掛けこそが政策づくりの技術であり、ノウハウであるといえる。

ところで、リサイクルには行政が直接行う事業と民間事業に加えて、採算に乗りにくいが行政の事業にはなじみにくい、いわば狭間の領域がある。たとえば、不用品情報の提供やフリーマーケットなど不用品交換の場の提供などだ。

こうした領域を公民協働で行っている事例は多い。たとえば、沖縄県那覇市のリサイクルプラザでは不用品の交換や市民への提供を行っているが、その運営はボランティアの市民の自主運営に委ねられている。東京都墨田区ではリサイクル活動センターと名付けたリサイクルショップを開設し、運営を区民ボランティアで構成する「墨田リサイクルの会」に委託している。東村山市の美住リサイクルショップも同様の例である。このように、市民のリサイクル活動のための場所の提供と最低限の経費の負担は行政が行い、企画運営や労力の提供は市民が行うというスタイルは、各地で広がってきた。

また、牛乳パック回収運動のように、NPOとスーパーなどの企業の協働で普及したものもある。オフィス町内会[8]のように、企業の協働でオフィス古紙のリサイクルの道筋を切り開き、再生紙の需要拡大にまで取り組んでいる事例もある。

清掃行政において、自治体の仕事は増える一方である。分別の細分化にともなって、多様な回収ルートの整備も急がれている。そのすべてを自治体が担うことは、財政的にも技術的にもむずかしい。企業責任の拡大が注目されているが、ごみ問題はどこか一方に責任を押しつけて解決するものではない。多様な主体間の協働こそが循環型社会の姿であり、その可能性は高まっていると言えるのではないだろうか。

（1）　施設建設をめぐる二つの事例は、筆者らが市民の推薦で市からの委託を受けて、コンサルタントとして関与し、事実上行政と市民をつなぐアドボケイトプランナーとしての役割を担った。

(2) 狛江市のリサイクルセンターの用地選定過程については、「一九九五年度日本計画行政学会計画賞入賞計画集」(日本計画行政学会、一九九五年)を参照されたい。

(3) 自区内処理とは、東京都が各区ごとに清掃工場を建設し、区内のごみは区内で焼却する体制をめざして掲げた考え方である。現在では、各自治体のごみは自治体内で処理する「自区域内処理」という意味で使われている。

(4) 容器包装リサイクル法の分別区分。その他プラスチック製容器包装とは、ペットボトル以外のボトル、トレー、ラップ、チューブ、レジ袋などプラスチック製の容器・包装。その他紙製容器包装とは、牛乳パックや段ボールを除く包装紙、紙箱、紙袋など。

(5) 「名古屋市のごみに挑む」『E's』第五号(中部リサイクル運動市民の会発行、一九九九年四月)。

(6) たとえば、「多摩リサイクル市民連邦」は多摩地域の市民・事業者・行政の連携型の組織で、毎年「多摩リサイクルとことん討論会」と名付けた政策討論の場を設けるほか、日常的な学習会や研究レポートの発行、北多摩地域の広域的な政策提案として「北多摩ルールづくり」の検討なども行っている。また、「デポジット法制定全国ネットワーク」は市民・研究者・法律家・自治体職員などのネットワーク組織で、廃棄物政策にデポジット制度の導入を主張して官庁や国会への提案を行ったり、循環社会法の市民試案を提起している。このような政策提案型のNPOはさまざまな専門家を擁しており、国や自治体の政策づくりに協働できる可能性は大きい。

(7) 狛江市の事例では、本書編者の寄本勝美教授が市民委員会の委員長として調整役を果たした。

(8) 東京電力が中心となって組織化した、企業が協働してオフィスから出る古紙を回収するシステム。

第7章　民が主役で公が支える高齢者福祉

瀧井宏臣

1　超高齢社会の到来と地方自治

六五歳以上の高齢者がついに二〇〇〇万人を超え、高齢社会の到来が現実味を増している。政府・自治体の施策のなかでもとりわけ公的な色彩が濃く、市民から縁遠い「お上の仕事」というイメージが強かったのが、高齢者福祉の分野である。

ところが、この分野でも一九八〇年代末ごろから地殻変動とも言える大きな変化が始まった。そして、二〇〇〇年四月の介護保険の実施によって、「お上の福祉」から「民の福祉」への大転換が行われつつある。行政による措置から民間事業者によるサービスへと、高齢者福祉の機軸が移ったわけだ。しかし、福祉の現場からは「こうした流れは公の責任放棄であり、福祉の後退を招く」という批判も出ている。

高齢者福祉というわば公の聖域で、はたして市民主権の福祉はありうるのか。民の福祉の時代における自治体の役割とは何か。本章では、高齢者福祉における民の可能性を検証する。

高齢者福祉が大きく転換せざるを得ない背景には、人口構造の急激な変化がある。六五歳以上の高齢者の全人口に占める割合を高齢化率と言うが、日本では九四年に一四%に達し、「高齢社会」に突入した。二〇〇〇年には一七%まで上昇し、まもなくスウェーデンを抜いて世界一の高齢者大国になる見通しだ。さらに、二〇二五年には高齢者人口が三三〇〇万人を超え、四人に一人が高齢者という「超高齢社会」がやってくる。経済発展が長寿とともに人口の高齢化をもたらすのは、先進工業国の宿命と言えるかもしれない。

高齢者の急増がなぜ重大な問題かというと、病気や心身の障害、寝たきりや痴呆などで介護を必要とする高齢者が急増するからである。厚生省の推計によると、要介護高齢者は二〇〇〇年に二八〇万人、二〇二五年には倍近い五二〇万人に達する見通しだ。一方、高齢化の進展は核家族化、少子化と同時進行するので、一人暮らしや高齢者夫婦二人だけの世帯が増える。また、労働力の減少を女性の社会進出で補うために、ただでさえ衰退が著しい家庭の介護力の低下に拍車がかかる。その結果、歴史の必然として、高齢者を社会的に介護する仕組みを整える「介護の社会化」が求められる。

ところが、老人ホームや老人病院などの施設では、建設や維持のコストがかかりすぎて、とても対応できない。このため、行政の高齢者対策も必然的に、施設に収容する施設福祉から、ホームヘルパーやデイサービス、ショートステイなどの在宅ケアへと移行せざるを得ない。在宅ケアはきめ細かい対応が求められるため、施策の主体が国から地域、政府から地方自治体へと移ることになる。こうして、資本主義が爛熟した高齢社会では、地域が福祉の主役となる。

地域で在宅ケアを進めるには、大きく分けてスウェーデン型とドイツ型の二つの選択肢がある。スウェーデンでは、政府の権限を自治体に委譲するとともに、間接税による高率の租税負担を課すことによって財源を確保し、在宅福祉の主体を自治体が担うシステムを確立してきた。したがって、ホームヘルパーは自治体職員が中心になる。一方、ドイツやオランダでは介護保険の導入によって財源を捻出し、自治体だけでなく民間のさまざまな事業者が主体となって、多元的に福祉サービスを提供するシステムをめざしている。

ドイツ型を選択した日本の場合は、まったく新しいタイプの福祉政策であるため、評価は二分されている。介護保険のプラス面としては、日本に民の福祉、市民主権の地方自治を根づかせる絶好のチャンスと言える。これに対して、マイナス面としては、営利事業化による福祉の形骸化や、これまで築き上げてきた日本型公的福祉システムの崩壊につながる危険性が危惧されている。

2 「お上」の福祉から「民」の福祉へ——日本の高齢者福祉政策の推移

民間団体が高齢者福祉事業の主体だった

ここで、日本の高齢者福祉政策の推移について簡単に押さえておきたい。

戦後の高齢者福祉は、福祉政策を進める国の責務を定めた憲法第二五条にもとづき、国家による「公的」な施策としてスタートした。政策の柱は、①施設収容主義と、②措置制度である。施設収容主義は、援助の必要な高齢者を施設に収容して救済するもので、対象はおもに経済的な困窮者にしぼられていた。経済的に余裕のある者については、家族による介護が暗黙の前提である。また、措置制度は都道府県や市が権限をもって、施設に入所する者の審査や決定などの措置を行うというものだ。

ところが、高齢者福祉事業の主体は、意外にも当初から民間団体であった。そのひとつが、社会福祉事業法にもとづいて社会福祉事業を行う目的で設立された社会福祉法人である。ただし、施設の建設や維持費の多くを国に依存し、行政が入所者を決定する措置の権限をもっていたため、実質は国の下請け機関に近い「公的」な法人だったと言える。もうひとつが、社会福祉協議会（通称、社協）である。構成メンバーに自治体や福祉団体のメンバー、福祉の専門家らが名を連ねる民間団体だが、在宅サービスに関しては全市町村の八割近くの業務を受託していたことなどを考え合わせると、事実上、市町村の下請け部隊だったと言ってよいだろう。

このように、「お上の仕事」とは言っても、国がお金を出して事業の中身を指示し、都道府県や市が措置の権限をもち、民間団体が事業を運営するという、「公的」な仕組みになっていたのである。

こうした高齢者福祉のシステムは、八〇年代末ごろから大きな転換期に入る。なかでも大きな転機となったのが、八九年のゴールドプランの策定、九〇年の老人福祉法の改正、そして、二〇〇〇年の介護保険の導入である。以下、それぞれのポイントについて簡単にふれておこう。

ゴールドプランの策定と老人福祉法の改正——在宅福祉と市町村主義への転換

高齢者保健福祉推進十カ年計画、通称ゴールドプランは、国の政策転換の第一歩となったもので、八九年に厚生省によって策定された。この計画は、高齢者が健康で安心して暮らせる社会をつくるために、特別養護老人ホームなどの施設整備とともにホームヘルパーの派遣やデイサービスなど在宅での福祉サービスを大幅に拡充していくことを打ち出したものである。具体的な整備目標が数値で示されたのが大きな特徴だ。つまり、施設福祉から在宅福祉への方針転換がはっきりと示された点で重要なプランだったと言える。

その後ゴールドプランの整備目標は見直され、九五年からは新ゴールドプランがスタートした。そこでは、ホームヘルパーの養成一七万人、ショートステイの受入れ六万人、デイサービス一万七〇〇〇カ所などの目標が設定された。

ゴールドプラン策定の翌九〇年には、老人福祉法の改正が行われた。特別養護老人ホームへの入所決定などの措置の権限はそれまで都道府県と市にあったが、この法改正によって都道府県から町村へと移される。同時に、新たに全市町村と都道府県に老人保健福祉計画の作成が義務づけられた。こうした一大転換の背景には、介護の社会問題化があげられる。要介護高齢者の急増に加え、介護は貧しい層だけでなく富裕層も含めた高齢者全般の問題になった。ところが、施設の整備は進まず、入所待ち期間の長期化や治療の必要がない高齢者の老人病院への社会的入院が、医療・福祉の矛盾としてクローズアップされたのである。

いずれにせよ、この法改正によって、住民にもっとも身近な市町村が国に代わって高齢者福祉の主体になる市町村主義への転換が行われた。こうして、市町村が施設福祉と在宅福祉を一元的に提供する体制づくりが進められていく。

介護保険の導入——多元的民間サービスへの転換

二〇〇〇年からは介護保険が実施された。この制度は、未曾有の高齢社会に対応するために、高齢者も含めた四〇歳以上の被保険者から徴収した保険料と公費を財源に、市町村（特別区も含む）が保険者として運営するものだ。その最大の特徴は、行政による措置から民間事業者によるサービスへと大きく転換された点である。

社会福祉法人や社協などの「公的」な民間団体に加え、ＮＰＯ（非営利民間団体）、生協、ＪＡ（農業協同組合）など非営利の民間団体や営利企業も含めた多元的な民間事業者が、利用者である高齢者と契約を結び、サービスを提供する。利用者である高齢者は、まず市町村による要介護認定を受け、ケアマネージャー（介護支援専門員）に依頼して要介護度に応じたケアプラン（介護計画）を作成する。そして、ケアプランにもとづいて介護サービスが行われ、かかった費用が保険から支払われる仕組みになっている。市町村は保険者として要介護認定や保険の給付、それに地域の福祉サービスの計画・調整・監視などの役割を、厚生省は福祉政策の全体計画を立案する役割を担う。

このように、介護保険は民間セクターを中心に要介護高齢者を社会全体で支える仕組みである。だが、負担金を支払えない貧しい層が十分な介護を受けられない可能性が強まる、介護の度合いが重い人ほど利用者の負担がかさむ、市町村によってサービス内容に格差が出るなど制度上の問題点が指摘されており、スタート当初からすでに制度の手直しが課題となっている。

3　民間セクターの可能性と課題

介護サービスの主体となる民間事業者には、さまざまなセクターがある（図1）。民間企業（営利法人）を除くセクターは広い意味でのNPOと言えるが、ここでは次のように分類し、それぞれのセクターの可能性と課題について考察したい。

①NPO――住民参加型在宅福祉サービス団体、無償ボランティアグループなど
②協同組合――消費生活協同組合、JAなど

図1　在宅サービスの種類別指定件数
（2000年4月1日現在）

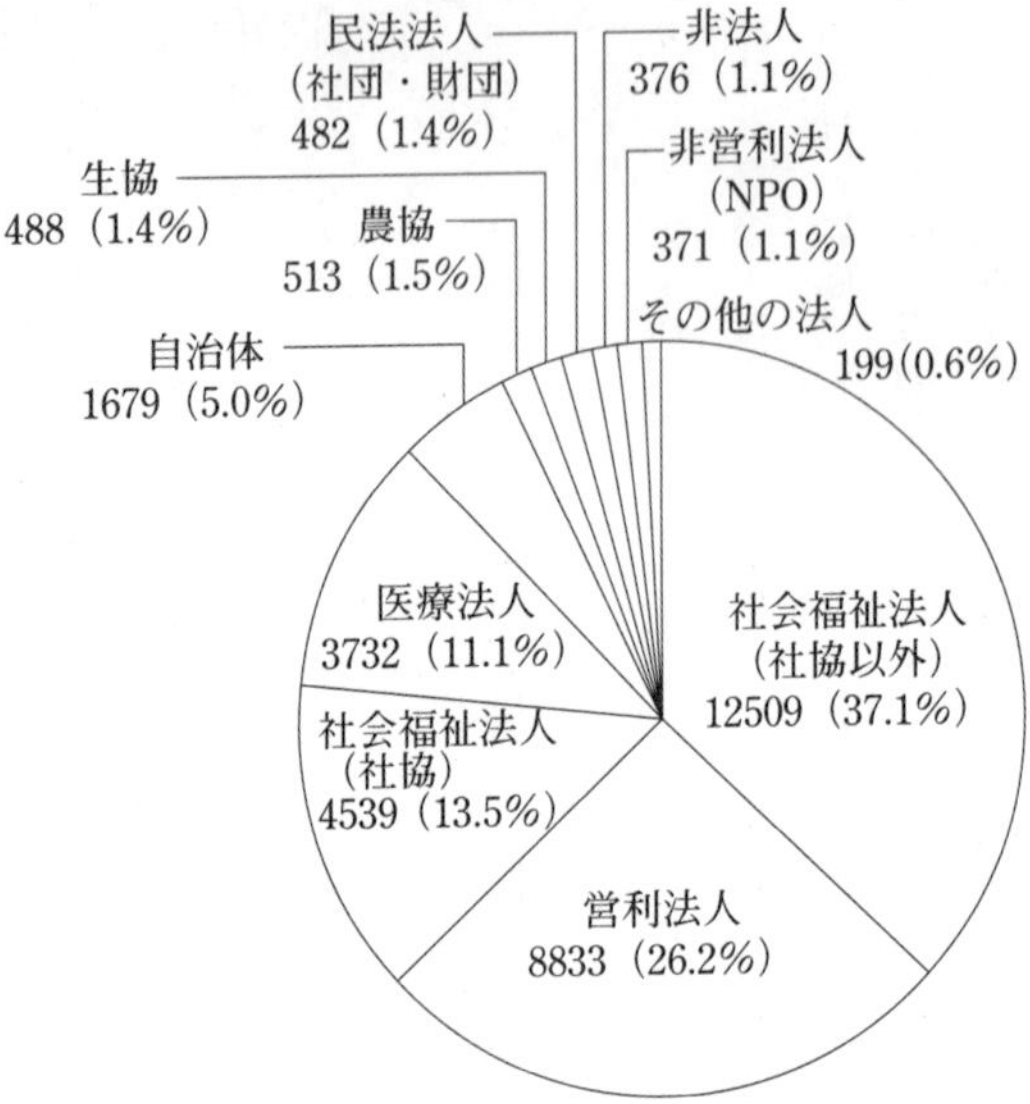

（注）一つの法人が複数のサービス、たとえば訪問介護と入浴介護などの指定を受けているため、件数と法人の数は一致しない。

③民間企業
④「公的」民間団体——社会福祉協議会、社会福祉法人、福祉公社など

NPOの福祉サービス

市民主権の福祉を担う主体としてもっとも期待されているのが、NPOである。高齢者福祉活動を行っているNPOには、住民参加型在宅福祉サービス団体と呼ばれる有償の介護サービスを行う民間団体と、無償のボランティアグループがある。

住民参加型在宅福祉サービス団体は、全国で約一五〇〇団体あるとみられている（二〇〇〇年三月末現在、全国社会福祉協議会調べ）。ここでは、東京都渋谷区で活動しているパールライフ協会（新谷弘子理事長）を例にとろう。

パールライフ協会は、ボランティアを支援する社会福祉教育活動研究所というNPOが母体となっ

て八九年に設立された民間団体だ。住民参加型在宅福祉サービス団体の先駆けのひとつと言える。いまでは有償が当たり前になったが、設立当時は有償でサービスを行うことに福祉団体から強い批判があったという。にもかかわらず、設立に踏み切った理由について、新谷理事長は「高齢者が他人の世話になるのを恥ずかしがらずに、社会的なサポートを受けながら、共に生きる社会をめざした」と話す。

取材した九九年一月の段階では、専従スタッフ三〇人とボランティアスタッフ四〇人を抱え、介護や家事援助などの在宅サービスは年間一万件にのぼっていた。また、車による移送サービスが年間六〇〇回、配食サービスが年間約五万食に達し、ホームヘルパーの養成講座も開催していた。その後、九九年四月から特別養護老人ホーム（五〇床）の運営に乗り出し、施設と在宅両方のサービスを行っている。

もともとボランティア団体であるパールライフ協会の場合、家族が旅行している三日間を泊まりがけで介護したり、病院に短期入院する際に付き添いに入ったりと、高齢者や家族のさまざまな要望に柔軟に対応できる点が最大の長所である。その一方で、熟練したスタッフばかりではないためにサービスの質がバラバラだったり、給与や労働条件が悪いためにスタッフが次々に辞めていったりという問題点があった。社会福祉法人の法人格を取得し、特別養護老人ホームを運営することでこうした問題点を解決したが、全国の数多くのＮＰＯに共通する頭の痛い問題と言える。

これに対して、無償のボランティアグループの多くは、介護ではなく、福祉施設の慰問や手伝い、高齢者を励ます絵葉書の郵送、食事会の開催などを行っている。そのひとつ、東京都豊島区の福祉ネットワーク池袋本町（九七年設立、村上徳栄会長）は、地域の高齢者の安否確認を行うユニークなケースである。

安否確認のシステムは、池袋本町に住む高齢者の自宅の湯沸かしポットに受信機をつけ、電話回線を使って事務所のパソコンとつないで、朝一〇時と夕方一七時にボランティアが事務所のパソコンでポットの使用時間をチェックするというものだ。二〇〇〇年六月の段階で、七〇歳以上の高齢者宅二四軒を対象に毎日休みなく安否確認を行っていた。ボランティアは無償、事務所やパソコンも有志の無償提供で、村上会長は「地域の住民自らが福祉の担い手になるべきだ」と話している。

まさに自治の原点とも言える活動だが、ボランティアの場合は何かトラブルがあったときの責任の所在が不明確であるほか、組織あるいは活動の継続性が不確かなどの問題点がある。このため、福祉ネットワーク池袋本町でもＮＰＯ法人の取得を検討したが、最終的にはメリットがないとして断念した経緯がある。

ＮＰＯによる活動は高齢者福祉の分野でもっとも期待され、注目されている。だが、弾力的な組織形態ゆえに高齢者のニーズに柔軟に対応できる反面、スタッフの労働条件や組織の不安定な側面をどう改善していくかが今後の課題である。

ここで、ＮＰＯと行政との関係について一言ふれておきたい。パールライフ協会の場合、単なるＮＰＯであった時代は渋谷区との交流はほとんどなく、区の対応は冷ややかだった。だが、特別養護老人ホームの運営主体に名乗り出てからは、区の担当課と緊密な交流を重ねてきている。区内全体の介護保険事業計画を作成し、事業者を指導・監督する立場にある区は、パールライフ協会を高齢者福祉を展開するうえでの重要な駒と位置づけ、事業の円滑な実施を支える黒子として全面的にバックアップする体制をとるようになった。

一方、ボランティアグループにすぎない福祉ネットワーク池袋本町の場合は、全国的にも知名度が高いユニークな試みにもかかわらず、介護保険実施前も後も管轄の豊島区からの支援はまったくない。ほとんど無視されているのが実情である。たとえ自治体の介護保険事業計画の対象からはずれていても、地域の福祉に確実に寄与しているケースについては行政の積極的な支援が望まれる。

協同組合の可能性

組合員の自発的な相互扶助組織である生協は、七〇年代以降に急速に発展し、二〇〇〇年三月現在、組合員二一三〇万人、総事業高三兆三三六一億円の巨大組織になっている。八三年にコープこうべ（旧・灘神戸生協）が「くらしの助け合いの会」を結成して有償の家事援助サービスを始めて以来、全国各地の生協で組合員を対象にしたさまざまな福祉サービスが展開されてきた。家事援助サービスが七五生協で登録会員五万六〇〇〇人、ふれあい食事会と配食サービスが四一生協、介護ショップ運営が九生協などとなっている（二〇〇〇年三月現在、日本生活協同組合連合会調べ）。

そして、九九年から福祉サービスの組合員以外への利用が認められたことで、介護サービスの主体としての活動が期待されている。都道府県からサービス事業者の指定を受けた地域生協はまだ二八にとどまっているが（二〇〇〇年四月現在、日本生活協同組合連合会調べ）、「地域福祉は生協活動の基本」という認識で、今後も対象を一般市民に広げていく方針である。

横浜市に本部のある福祉クラブ生協は、生活クラブ生協が母体となって創設された福祉専門のユニークな生協で、市民の手による地域の最適福祉水準の実現を目標に活動している。生協特有の共同購入システムを柱にして事業を維持しながら、組合員がワーカーズ・コレクティブ（メンバー全員が組織運営に参画し、組合員の生活支援を行うとともに、報酬や便宜を対等に分けあう自主管理型の労働形態）を組織して、家事・介護サービス、食事サービスなどを行ってきた。

介護保険導入にともない、福祉クラブ生協自体は介護サービス事業者の指定を受けたが、ワーカーズ・コレクティブは指定を受けずに、これまでのやり方を踏襲している。サービス価格は、家事・介護が一時間八四〇円。介護保険のサービス単価（身体介護中心四〇二〇円、家事援助中心一五三〇円、折衷型二七八〇円、いずれも三〇分以上一時間未満の単価）より低く抑えられ、「市場価格への牽制・抑止力になる」（浜田康二専務理事）ことが期待されている。

介護保険時代の生協は、利用者の側に立った良質なサービスの提供によって、民間企業による介護サービスの質や価格への牽制・抑止力になると同時に、市町村の福祉政策にさまざまな提言を行う役割が求められている。ただし、企業家的な発想が乏しい体質のままでは民間企業との競争に太刀打ちできないという指摘もある。協同組合の理念を守りながら競争にも勝ち抜いていくという、むずかしい舵取りを迫られていると言えるだろう。

行政との関係については、福祉クラブ生協の活動に対する自治体の関心が薄く、生協側も行政と一線を画した独自の路線を追求してきた。これまでは、両者の交流はほとんどないに等しかったのである。しかし、介護保険の実施にともなって神奈川県の鎌倉市や逗子市などで介護サービス事業者の指定を受け、両者の接点ができたことから交流が始まり、新たな共生関係を模索する段階に至っている。

ＪＡの動きは生協ほど素早くはなかったものの、九二年に農業協同組合法が改正されて高齢者福祉事業を行うことが認められたのを機に、ホームヘルパーの養成に取り組んだ。二〇〇〇年三月には、新ゴールドプランの目標の半数に迫る八万人を養成している。また、住民参加型在宅福祉サービス団体である「ＪＡ助け合いの会」が全国で六〇〇団体あまり結成され、おもに行政の福祉サービス事業を受託してきた。介護保険導入をひかえて介護サービス事業者の指定を受けたケースも多く、訪問介護で約三四〇にのぼっている（二〇〇〇年四月現在、全国農業協同組合中央会調べ）。

ＪＡには生協同様、食事や移送、洗濯、布団乾燥など介護保険の対象外になるいわゆる「横出しサービス」を含めた、柔軟でニーズに合ったサービスが求められる。とくに、農村部に多い過疎地は、高齢化が進んでいるにもかかわらずスケールメリットがなく、民間企業の参入が期待できない。したがって、介護サービスの充実を図るうえでＪＡによるサービス事業や助け合いの会の活動に期待がかかっている。

民間企業によるシルバービジネス

八〇年代前半に登場したシルバービジネスは、八五年に厚生省が振興策を打ち出したためもあって八〇年代後半に第一次ブームが起こり、生命保険やゼネコンなどの大手企業が参入した。介護保険の導入を前に九〇年代後半になって第二次ブームが起こり、再び数多くの企業の参入や新しい企業の設立が相次いだ。対象は幅広く、介護や家事援助などの在宅ケアをはじめ、入浴、配食、移送、有料老人ホーム、住宅改造、福祉用具の販売・レンタル、福祉タクシーなど多岐にわたる。

東京に本社のあるコムスン（八八年設立、折口雅博社長）は、全国初の夜間巡回介護モデル事業を行ったことで知られる。介護保険導入を機に業務を一気に拡大し、二〇〇〇年五月末には、全国約一二〇〇の拠点で一万二〇〇〇人の高齢者を対象に介護サービスを実施していた。頭島《かしらしま》潔常務は、こう指摘している。

「介護サービスは労働集約型であるため、どうしてもコストがかかってしまう面は否めない。だが、市場原理が働くことによって、安くてよいサービスを提供できるようになるはずだ」

ところが、「公的」民間団体と地域の密着度が高いために、進出したにもかかわらずなかなか契約数を伸ばせない地域も多く、事業が予想外に伸び悩んだ。このため、介護保険スタートからわずか二カ月で事業計画の見直しを迫られ、四〇〇〇人にまで膨れ上がった社員数の四割を削減するとともに、五〇〇近い拠点を統廃合せざるを得ない危機的な事態に追い込まれた。介護サービス業界の牽引役を標榜していたコムスンのあまりにも早い躓きは関係者の不安を誘う一因になっており、事業再建の行方に注目が集まっている。

民間企業による介護サービスをめぐっては、市場原理に委ねることが質の向上につながるとする主張と、市場原理に委ねると利潤第一主義に陥り、利用者にマイナスになりかねないとする主張が対立している。これは、福祉と営利事業が相入れるのかどうかという根本にかかわる問題である。

厚生省は、民間事業者の競争によるサービスの質の向上を謳っている。しかし、経費削減の煽りで介護技術が未熟なパートのホームヘルパーが増えることなどによって、逆に利用者に対するサービスの質が低下したり介護中の事故が増えたりして、利用者の不利益を招く恐れもある。それゆえ、サービス内容をチェックする福祉オンブズパーソンのような第三者機関の設置も重要な課題になっている。

また、コムスンが撤退を余儀なくされたように、介護保険導入当初は「公的」民間団体が市場で圧倒的なシェアをもっているため、民間企業の健全な育成を危ぶむ声も聞かれる。事業の採算割れは企業倫理を揺るがす結果にもなりかねないので、自治体や業界による監視が必要だろう。

「公的」民間団体の行方

介護サービスの主体としてもうひとつ忘れてはならないのが、社協、社会福祉法人、福祉公社など、国や自治体の実働部隊として従来から福祉事業を手がけてきた「公的」民間団体である。

社協は二〇〇〇年四月現在で全国に三三六八あり、職員数も総計で八万人を超える勢力をもつ。その多くが、介護保険の導入を機に介護サービス事業者の指定を受けた。これまでの実績を踏まえて今後も介護サービスの中心的な役割を果たすとみられているが、コスト意識が低いなどお役所的なやり方や発想をどこまで切り替えられるかが大きな課題になっている。

社会福祉法人は二〇〇〇年三月現在で全国一万六六九一法人にのぼり、特別養護老人ホームの約九割を運営するなど、これまでの日本の福祉の中核を担ってきた。しかし、民間企業の参入によって施設運営の独占は崩れる見通しだ。福祉サービスという新たな発想を受け入れ、親方日の丸の経営体質を改められるか、経営内容を情報公開してガラス張りにできるかなど課題も多い。市場原理にもとづく競争の時代に生き残っていけるかどうか、今後の推移が注目されている。

4 高齢者の生きがい創出

高齢者福祉は、要介護高齢者に対する介護だけではない。元気な高齢者の生きがい対策も重要な課題になる。ここでは視点を変えて、高齢者の生きがい対策を進めるうえでの民の可能性を考えてみたい。

まず、都市での有効な生きがい創出の一例として、東京都国立市の青空デイサービスのケースを紹介しよう。

この事業は、農業を体験してもらうことで、比較的に元気な高齢者の生きがいと健康づくりを進めようと、ＪＡ東京みどり国立支店と国立市社協が九三年から始めた全国初の試みである。ＪＡと社協が手を組むのは珍しい。ＪＡ側が農地の選定や年間の栽培計画、資材の調達や作業の下準備と指導を担当し、社協側が必要経費（約一二〇万円）を出資するとともに参加者の募集やバスによる送迎を行う。デイサービスが行われているのは国立市南西部に位置する約三〇〇坪の農地で、七〇歳代を中心にした五〇人ほどのお年寄りが毎年無料で参加している。

畑仕事には、人間にやすらぎや充実感を与える不思議な魅力がある。加えて、収穫の喜びが格別で、笑顔になる、食欲が旺盛になる、物事への意欲が出るなどデイサービスとして高い効果が期待できる。ただし、事業の遂行に手間暇がかかるのでなかなか続きにくいという難点がある。

国立市の例が成功しているのは、現地の老人会を中心にした無償のボランティアスタッフ約二〇人の手厚い支援があるためだ。スタッフは、いつごろ、どういう野菜をどのくらい作るか、一年間の計画を立て、お年寄りたちが農作業に来る日は作業のやり方を丁寧に手ほどきする。スタッフリーダーの中村祐治さん（七六歳）は「農作業の日は皆が集まるいい機会で、自分たちも楽しんでいます」と話しており、ボランティアをしている高齢者たちの生きがい創出にもつながるという一石二鳥の事業となっている。

この事業の成否は、まさにコーディネーターしだいだ。有能なコーディネーターがいれば、全国に広げたい取組みと言える。

もうひとつ、定年を迎えた高齢者の生きがいづくりを考えるうえでたいへん参考になる事例として、千葉県我孫子《あびこ》市が実施した調査について考察したい。

我孫子市は人口約一二万八〇〇〇人の典型的な首都圏のベッドタウンのひとつだ。二〇〇〇年六月現在の高齢化率は一三・三％だが、二〇一五年には二五％まで急激に跳ね上がり、超高齢化の時代が到来する。というのも、六五年ごろから大型の開発が行われて大量入居した住民たちが五〇歳代前半から六〇歳代前半を迎え、定年とともに夜間や休日だけ家で過ごす「定時制市民」から「全日制市民」へと復帰するからである。その結果、二〇一〇年には六〇歳から七四歳の男性人口が全体の一割に達するという、いびつな人口構成になる。

このため、我孫子市ではこの未曾有の事態を逆手にとって、シニア男性のキャリアや経験、技能を地元で生かしてもらうとともに、定年後の生きがいづくりと高齢者同士の相互扶助体制づくりも進めようと考えた。そして、市内にある中央学院大学法学部の岩崎恭典助教授に依頼して、九七年に五〇歳代のシニア男性一〇〇〇人あまりを対象にアンケートと面接による調査を実施する。

調査の狙いのひとつは、シニア男性が定年後に地域で市民事業を起こす意欲や条件を探るいわばマーケットリサーチにあった。調査結果では、全体の五五％の男性が、起業も含めて地域で働くことに意欲をもっていたのである。

関心のある業種は、リサイクル品の再生・販売がトップ。以下、庭木の手入れ、人材バンク事業、手賀沼湖畔でのレストラン経営、無農薬野菜の生産、パソコンお助けサービス、地ビールづくりなどがあがった。事業に費やす時間については、週三～四日、一日四～七時間とゆとりをもって働くことを希望する人が多数を占め、出資金額については五〇万円以上出す用意があると答えた人が半数にのぼっている。その一方で、いっしょに事業を起こしたい友人や仲間がいないと答えた人が六割を超え、長年にわたって会社人間として過ごし、地域で孤立しているシニア男性たちの実態が浮き彫りになった。

この結果を踏まえて、岩崎助教授は次のように話している。

「我孫子市は、定年退職した全日制市民が参加できる市民事業のビジョンを示すべきだ。とくに、孤立しているシニア男性同士が出会う場づくりを進め、地域社会への軟着陸を支援する必要がある」

その提言を受けて、我孫子市では二〇〇〇年四月に市民活動支援課を新設して一年以内に具体的な支援の基準を作成。二〇〇一年四月から、市民事業のための基礎講座の開設や情報誌の発行、貸付け制度の創設、情報センターの設置などの具体的な支援策を順次実施していくことにしている。

定年退職した全日制市民の急増は、都市部周辺の多くのベッドタウン共通の課題である。我孫子市の取組みは、元気な高齢者に地域で活躍してもらうために自治体が黒子として定年起業の環境づくりを進めるモデルケースとして注目される。

5　民間セクターの発展を促す公の役割

戦後の高齢者福祉の流れを見ると、施設を中心にした措置から在宅でのサービスへと大きく様変わりするとともに、福祉の主体も国から市町村へ、さらに介護保険の導入を契機に市町村から多元化した民間事業者へと移行した。まさに、公から民への大転換が行われたわけだ。今後のサービスは、NPOをはじめ、生協、JA、民間企業、社協、社会福祉法人などが競争しあい、相互に補完しあいながら行われることになる。

新しい民のシステムが健全に機能するためには、多元的な民間事業者が相互に牽制力として働いてサービスの質を向上させるとともに、利潤追求と倫理、市場経済と福祉のバランスを保たなければならない。利潤追求に傾きすぎれば倫理なき競争となり、福祉が強調されすぎると市場が活性化しない。市場原理に依存する新しいシステムは、そういう不安定で危うい側面を本質的にもっていることを忘れてはならない。

したがって、高齢者福祉の事業主体は民間事業者に委ねても、システムを維持するために国がきっちりした事業の全体デザインを示すことはもちろん、保険者である市町村が黒子に徹してシステムを支え、民間セクターの健全な発展を促すように指導・監督することも重要な役割となる。たとえば、東京都練馬区では、介護保険の導入にあたって、行政が区内でサービスを行う事業者の地域割などを一切せずに事業者の競争に委ねる方針を明確に打ち出した。同時に、従来の福祉と一八〇度違う制度の趣旨を徹底するために、二〇〇回に及ぶ出前説明会を開いたり、介護保険事業計画の策定について意見を聞く懇談会を区民に公開し、委員二〇人のうち半数を公募して、制度が円滑に機能する舞台づくりに力を注いだ。

新しい高齢者福祉とは、民が主役で、公が支える仕組みなのである。民による高齢者福祉という壮大な実験は、まだ始まったばかりだ。とはいえ、やり方によってはお上の下請けとしての地方自治を脱却して、市民主権の地方自治を創り出す機軸となる可能性をも孕んでいると言えるだろう。

〈参考文献〉


蟻塚昌克『高齢者福祉開発と協同組合』家の光協会、一九九七年。

生井久美子ほか「介護保険ガイド」『朝日新聞』一九九九年九月二四日〜二八日、二〇〇〇年三月一八日〜二二日。

市川英彦・福永哲也・村田隆一『農協がおこす地域の福祉』自治体研究社、一九九八年。

一番ヶ瀬康子＋古林佐知子『「老人福祉」とは何か』ミネルヴァ書房、一九八八年。

岩崎恭典『我孫子市シニア男性意識調査結果報告書』中央学院大学岩崎研究室、一九九八年。

大内俊一・小松浩一『福祉ビジネス　見えてきた巨大マーケット』日本評論社、一九九九年。

岡澤憲芙『スウェーデンの挑戦』岩波新書、一九九一年。

岡澤憲芙ほか「社会福祉への［市民参加］をめぐる論点と課題」『社会福祉研究』第七一号。

加瀬裕子ほか『生協の在宅介護サービス事業調査研究事業報告書』生協総合研究所、一九九八年。

京極高宣ほか「生協の福祉活動の新たな課題」『生活協同組合研究』一九九八年四月号。

厚生省監修『介護保険』社会保険研究所、一九九九年。

厚生省監修『介護保険の手引』ぎょうせい、一九九八年。

厚生省監修『老人福祉のてびき』長寿社会開発センター、一九九八年。

国生美南子ほか「NPO法は社会福祉に何をもたらすか」『福祉』一九九八年八月号。

齋藤純一『公共性』岩波書店、二〇〇〇年。

斉藤弥生+山井和則『スウェーデン発 高齢社会と地方分権』ミネルヴァ書房、一九九四年。

シニアライフプロ21編『高齢者の暮らしを支えるシルバービジネス』ミネルヴァ書房、一九九八年。

生協福祉研究会編『協同による地域福祉のニューパワー』ぎょうせい、一九八九年。

全国社会福祉協議会編『社会福祉協議会活動実態調査報告書』一九九七年。

全国農業協同組合中央会内部資料『JAグループの高齢者対策の現状』一九九八年。

瀧井宏臣「にわか三級ヘルパー電動自転車で出動す」『現代』一九九九年三月号。

瀧井宏臣「街の畑は健康づくりとシルバーパワー発揮の場」『現代農業』一九九八年五月増刊。

土屋正忠『介護保険をどうする』日本経済新聞社、一九九九年。

東京都社会福祉協議会『公的介護保険の可能性』『福祉展望』別冊、一九九五年。

中村祐司ほか『地方公共団体におけるオンブズマン制度に関する調査研究結果報告書』全国行政相談委員連合協議会、一九九九年。

日本生活協同組合連合会編『生協・福祉政策検討委員会答申書』一九九八年。

野田愛子・升田純編『高齢社会と自治体』日本加除出版、一九九八年。

服部万里子『介護保険のしくみ』日本実業出版、一九九九年。

浜田康二『福祉クラブ生協の到達点と課題』21世紀の学校VISION、一九九八年。

早川淳ほか『社会サービス供給団体に関する調査報告』東京自治研究センター、一九九八年。

福祉ネットワーク池袋本町編『老いても我が町で』一九九九年。

本間正明・跡田直澄編『21世紀日本型福祉社会の構想』有斐閣選書、一九九八年。

松岡公明ほか「介護保険とJA」『JA』一九九九年六月号。

村川浩一ほか『民間在宅福祉サービス事業者のサービス提供実態に関する調査研究事業報告書』シルバーサービス振興会、一九九八年。

寄本勝美『政策の形成と市民』有斐閣、一九九八年。

第8章　福祉のまちづくりと障害者の参加

麦倉　哲

1　福祉のまちづくりにおける三大矛盾の解消

障害者福祉に関する理念は知られていても、それを具体的に実現する形態が見えてこないのが日本の特徴である。これを福祉のまちづくりにおける理念倒れと呼ぶ。

また、一九七〇年代に入って、東京都町田市、東京都、京都府をはじめ先進的な自治体で、福祉のまちづくりの整備基準や整備要綱といった独自の基準が制定され、環境改善の具体的な実現形態が示されてきた。しかし、実際に調査してみると、段差解消が不十分であったり、切下げ勾配が急すぎたりと、基準どおりにまちが整備されていない例が少なくない[1]。これを福祉のまちづくりにおける基準倒れと呼ぶ。

さらに、福祉のまちづくりを実現する事業の予算化や、企業による資本投下がなされるようになってきたにもかかわらず、投下した額ほどにその効果が表れず、行政や企業のＰＲに終わっている例も見られる。エレベーターを設置したもののその前に数段の階段があったり、視覚障害者用のブロックが高コストであるにもかかわらず識別性の低いステンレス鋲《びょう》打ちブロックであったり、という具合である。これを福祉のまちづくりにおける資本投下倒れと呼ぶ。

福祉のまちづくりにおける理念倒れ、基準倒れ、資本投下倒れは、理想と現実のギャップを物語る三大矛盾である。

まず、福祉のまちづくりの具体的な事業内容に人びとが関心をもちにくく、理念倒れになるのは、人びとが参加する機会がないうえに、まちづくりに関する広報が本来あるべき啓発・啓蒙の立場に立たず、関心を喚起しないからである。「一二月九日は障害者の日です」といった広報ばかりが目につくのは、こうした問題を典型的に示している。

次に、福祉のまちづくり基準が達成されない理由は、事業計画の立案に際して基準を参照する仕組みが欠けているからである。たとえば、自治体が商店街やコミュニティ活性化の事業に補助金を支出しても、デザインを優先するために、黄色の視覚障害者用ブロックを否定し、床面と同色ないし似た色のブロックを使用する歩道ができる。この結果、グレーやベージュやブラウンのブロックが生まれたが、これに困惑したのは視覚障害者のうち九割を占める弱視者である。こうした人たちは視覚障害者用ブロックを見つけられなくなり、また間違った方向に誘導されることになった。これは、自治体政策が一貫性を欠いている典型例だ。

そして、資本投下倒れは、事業の実施前後に障害をもつ当事者である市民（以下、障害者）や、まちづくりに関心をもつ市民から、評価を受ける検証システムがないからである。それゆえ、自治体が福祉のまちづくりを奨励するために対策済の設備・施設に対して発行する適合証が付いた建築物であるにもかかわらず、障害者にとって使いやすいとは言えないものも、しばしば見られる。車イス用トイレをつくったのにドアのかぎがかけられたままだったり、車イスの回転スペースがなかったり、あるいはザラザラのブロックの麻材の上に同素材の視覚障害者用のブロックを貼ったために触知性が著しく低い場合もある。

障害者ならびに健常者の参加を喚起し、多元的かつ多面的な参加システムを構築してこそ、福祉のまちづくりにおける三大矛盾が解消し、本書の主題である「公共を支える民」の力が発揮される。多元的とは、職員として、議員として、事業者として、審議会員として、協議会関係者として、モニターとして、そして一市民として、障害者が各次元でかかわることを意味する。多面的とは、審議会・協議会・懇談会などの政策検討場面において、障害者が障害者団体の代表者としてのみならず、専門委員や公募委員として参入できる広がりをもつことを意味する。

そのためには、障害者（それも障害者団体の代表ではない市民）が、大学教員や設計の専門家としてふつうに存在し、個人として意見を述べることが一般的である社会が前提となる。そして、こうした状態が前提となるように働きかけていくことが重要である。また、障害者が本来もっている能力をまちづくりにおいて発揮するための支援策も必要だ。研究活動の支援、専門職への積極的登用などがこれにあたるだろう。

言い換えれば、障害者が各分野で健常者と同様に社会参加し、十分な発言権をもたなければ、福祉のまちづくりは実現されない。障害者が単に「結果の平等」の分配を受けるのではなく、政策検討過程や意思決定手続きに加わり、応分の位置を占めるシステムが不可欠である。これまでのように、行政的検討の手続きを簡略化すると、結局は、発注者たる行政と受注者たる事業者だけの閉鎖的な予算処理に終始してしまう。こうした現状から脱却して、質の高いノーマライゼーションのまちづくり、つまり障害者が健常者と同じように通常の生活を送れるための地域社会を実現するシステムを創らなければならない。

2　交通アクセス権と二つのバリア

八一年の国際障害者年のスローガンは「完全参加と平等」であった。しかし、それ以降も障害者に対する平等性は部分的にしか実現されてこなかった。一部の駅でエレベーターが付くなど断片的な改善は見られたが、移動の連続性を保障する水準にはほど遠かったのである。その結果、就学・就業も、地域社会のさまざまな活動も、地域を超えた自由な生きがい追求の活動も、さらには情報ネットワーク空間での活動も、十分に実現されていない。

障害者が建物内外を移動し、歩道を通行し、公共交通機関を利用する権利を交通アクセス権という。それが福祉のまちづくりの中心概念となっているのは、障害者福祉が単に、施設や住宅など限られた空間における生存の保障に限定されるものではないからにほかならない。自己決定にもとづく社会参加や生きがい追求の保障を当然とするからである。障害者の社会参加を保障するためには、自宅内はもちろん、自宅から職場・学校、地域内外の諸施設、友人宅などへの移動手段が社会基盤として整備されていることが不可欠である。

障害者が社会参加するための移動を阻害する制約条件がバリアであり、バリアの除去がバリアフリーである。バリアには、ハード（物理的）のバリアとソフト（心理的・関係的・制度的）のバリアがあり、片方だけに偏った解決は望ましくない。

「段差はあっても、助け合いの気持ちがあればよい」という表現が偏りの典型だ。たとえば、福祉のまちづくりプランを策定する審議会が開催されるとする。そこへ参加する際に移動や情報交換のための基盤が整備されているかどうかがハードの問題、意欲的な障害者に審議会が開かれているかどうかがソフトの問題である。双方の実現が不十分であれば、そこにバリアが存在しているのであるから、両者についてふさわしい解決方法を見つけ、実践していかなければならない(2)。

移動の場面に限定すれば、段差や急勾配があって車イスが通行できない、ホームが危険で視覚障害者が転落するなどがハードのバリア、車イスが立ち往生していても助ける人がいない、危険なホームに安全対策職員がいないなどがソフトのバリアである。障害者を雇用しないのはソフトのバリアにもとづく差別であるが、障害者を雇用したくても障害者が通勤できないために採用できないというのは、ハードのバリアとソフトのバリアが重なった採用差別である。

また、WHO（世界保健機関）は国際障害者年に先立つ七九年に、障害を、個人の特質である「損傷（impairment）」、それによって引き起こされる機能的な支障である「機能障害（disability）」、そして機能障害の社会的結果である「社会的不利（handicap）」の三つの次元に分けて定義した。それによって、心身の損傷の予防、リハビリテーションによる可能なかぎりの機能開発、機能障害が社会的不利を導かないような環境の改善の三つに対策が整理された。これは、画期的な意味をもつ。

たとえば、障害者が通学できないのは、障害者が段差を乗り越えられないからではない。障害者が通学できないような社会的不利があるからだ。しかし、障害者に対してハンディキャップをもった人びとという言い方をする人がいまだに多いのは、この定義が普及していない証拠である。

3　自治体による福祉のまちづくり

日本における自治体や政府の福祉のまちづくり政策は、障害者運動の影響を受けつつ、国際的な世論を受けて進展してきた。町田市や世田谷区のように、地域で活発な運動と連動して積極的に推進してきた自治体もある。施設福祉から在宅福祉、さらには地域福祉への転換と連動して、環境整備の対象施設の種類や範囲が拡大してきた。そして、障害者が自宅で生活することを保障するシステムの構築から、地域での自立の保障へと進んでいく。

当初に課題となったのは障害者関連施設、ついで公共施設の建物自体の整備であった。初期にできた公共建築物の整備要綱は、建物を中心的な対象としている。(3) たしかに建物内でのバリア除去は進展したが、歩道や公共交通など地域社会内での移動を保障する対策ではなかった。施設内は車イスで移動できても、自宅から施設まで車イスで行くにはバリアが大きかったのである。

ノーマライゼーションを有名無実にしていたのは、自立生活をするうえで必要な自由な移動の困難さである。その典型が、車イス使用者であり、視覚障害者（とりわけ全盲）だ。七〇年代に入ると、障害者団体の要求行動の影響を受けて、歩道と車道の段差解消がテーマとなった。仙台市の障害者団体と支援団体が、歩道と車道の段差をスロープに変えるために鉄板を敷いて、注目を浴びる。段差解消を訴える運動は、町田市などの障害者団体・市民団体の間でも起こり出す。(4) また、視覚障害者の単独歩行を安全にしていくために、視覚障害者誘導用ブロックが岡山県で開発され、早くも六八年に岡山県立盲学校周辺で実験的に敷設されている。

こうした取組みを受けて、ようやく建設省が、歩道の段差解消の方法と視覚障害者誘導用ブロックの敷設方法についての指針を打ち出す。厚生省はモデル都市の補助金事業を創設した。

自治体レベルで迅速に対応したのは、町田市である。当時の大下勝正市長は、歩道や階段のスロープ化、国鉄町田駅へのエレベーター設置（八一年）などに先駆的に取り組んだ。障害者が集まってきたら困るとか、少数の障害者のためにスロープを造るのはムダだという偏見を押しのけて推進し、段差解消を含む福祉のまちづくり整備基準を策定したのである。(5)

東京都も七三・七四年に、都内の歩道と車道の段差解消を一斉に実施した。その後、国際障害者年を受けて、八四年には「福祉のまちづくり東京懇談会」を発足させ、八八年に「福祉のまちづくり整備指針」として体系化された。(6)この指針により、設備の対象が公共建築物のみならず、道路、公園、公共交通を含むものと位置付けられた。この整備指針は多くの自治体のモデルとして波及していく。

さらに、神戸市・京都市・千葉県市川市などがこれに続いた。神戸市は独自の視覚障害者誘導用ブロックを開発し、京都市は障害者団体との連携を進めていく。市川市は七五年に日本で初めて福祉タクシーを導入した。こうして、公共施設整備に限定されていた福祉のまちづくりの対象範囲がようやく外に向かい出す。

ただし、政府の対策は矛盾の極みであった。一方で段差解消を推進しつつ、他方で交通事故防止対策として、障害者はじめ歩行者に従属を強いたのである。それは、七〇年以降全国的に推進された、横断歩道橋建設事業である。たしかに交通事故の死亡者は七〇年の一万六〇〇〇人台から七八年の八〇〇〇人台へと減ったが、障害者の移動権は分断された。また、厚生省の中央障害者対策審議会は、福祉施設整備のモデル事業は推進したものの、公共施設の整備に重点を置くという限定付きであり、視覚障害者の事故防止対策としては視覚障害者誘導用ブロックの敷設にとどまった。

国際障害者年を受けて実施された「国連障害者の一〇年」の後半期に至って、福祉のまちづくりは新たな局面を迎える。障害者団体・支援団体が積み上げてきた運動や、専門家による研究の成果により、東京都の整備指針のように、建物、歩道、鉄道、バス停、公園など生活空間を網羅する整備基準体系が登場した。そして、歩道のつくり方として、段差の解消以外に、幅員、舗装状態、勾配などの基準が明記されたのである。

障害者の地域で自立した生活を保障するには、家庭内はもとより、さまざまな施設、学校・職場、自由な活動空間、さらには情報ネットワーク空間の自由な往来を実現しなければならない。こうした生活諸条件が一定程度満たされることが、生活の質と個々人の生きがい追求の自由につながる。

だが、ニーズの把握がなされ、基準は制定されたものの、基準に不備があったために、いくつかの問題点が浮き彫りになった。たとえば、勾配（縦断勾配）や傾斜（横断勾配）がきつすぎるために車イス使用者が一人で通行できなかったのだ。これは、専門家による検討結果が利用者への配慮を欠いていたために起きた問題である。障害者の立場に立って検討されたのか疑問が多い(7)。

自由な移動の基本は、建物内でも歩道上でも駅構内でも共通である。十分な通行幅があり、段差や路面・床面の凸凹がなく、勾配や傾斜が一定程度内に抑えられることである。ところが、東京都の整備指針では、歩道上で勾配や傾斜によるバリアの発生を防止する基準が設けられなかった。また、視覚障害者誘導用ブロックの設置対象は、視覚障害者が多く通行する区域に限定された。このように当事者の日常生活を鑑みれば依然として部分的なバリア除去策にとどまったのは、障害者の政策参加が進んでいなかったからである。障害者と関心のある市民、専門家、公務員が連携すれば、ユーザーから見た基準の内容や適用の欠点がいち早く指摘されたであろう。

4　公共交通におけるバリアフリー対策

公共交通においては七〇年代まで、重度の障害者が一人で利用する際に事実上の乗車拒否状態が続く。その後、単独での乗車が許可され、ホームの端に視覚障害者警告用ブロックが敷設されるようにはなるが、権利という位置付けとはほど遠かった。鉄道やバスを利用するには段差などのバリアを乗り越えなければならず、人の助けを借りなければ事実上利用は困難だったからである。そのため、障害者運動も実力行使を含めて激しさを増していく。

七〇年代に入ってからは、障害者にとって公共交通が使用困難であるという現実を踏まえて、タクシー券制度、リフト付きバン、ワゴン車が普及する。町田市や新宿区などのように、通勤・通学・通院のために障害者専用バスの運行を始めた自治体も見られた。こうした対策は、障害者を特殊視して、特別の交通サービスを構築するものであった。

九〇年代になると、障害者の乗車を前提とした対策が部分的にとられるようになる。九二年に「駅におけるエレベーター設置のガイドライン」が運輸省から出され、一部の駅でエレベーターや転落防止のホームドアが設置された。(8) リフト付きバスも登場する。こうした交通システムの体系化こそが、公共交通のバリアフリー化の要件である。これらが二〇〇〇年に制定された「高齢者、身体障害者等の移動の円滑化を促進させる法律」(通称、交通バリアフリー法)に結びついていく。しかし、駅のエレベーター設置が遅れているために、依然として車イス使用者の鉄道利用率は低い。

また、八〇年代には、人件費の節約と、ホーム管理の一部自動化により、ホームの駅員が極端に減少した。その結果、視覚障害者だけでなく一般乗客も含めたホームへの転落事故や自殺の報道が目立っている。[9] にもかかわらず、交通バリアフリー法では駅のホーム柵・ホームドアの推進が明確に打ち出されていない。運輸省のガイドラインでも、視覚障害者のための安全対策は、視覚障害者誘導用ブロックと転落防止柵の設置に矮小化されている。[10]

公共交通は政策の対象範囲が広域に及ぶために、一般の基礎自治体が取り組める部分は限定されている。それゆえ、都道府県や政令指定都市の政策が注目される。

たとえば東京都交通局は、七八年に部分開通(全線開通は八九年)した都営地下鉄新宿線に完全エレベーター化の検討を進めたが、エスカレーターを基本とする対策にとどまった。完全エレベーター化は、二〇〇〇年に全線開通した都営地下鉄一二号線(大江戸線)でようやく実現した。

これに対して神戸市の新交通システム(ポートアイランド線・六甲アイランド線)では、一部の駅でのエレベーター化とすべての駅でのホームドアの設置が八一年に実施された。神戸市のホームドアシステムは、東京都の営団地下鉄南北線、ゆりかもめ、大阪市のニュートラムにも普及していく。ただし、安全性の追求だけではなく、駅ホームの無人化による人件費の削減という思惑でホームドア化が推進されたために、ニュートラムでは無人運転の車両が終点駅の壁に激突し、死者を出した。[11] 無人化が引き起こした人的ソフトの対応不備については別に検討を要するが、総じていえばホームから線路への転落事故の防止には効果があったといえそうだ。

また、駅の券売機や階段の手すりに貼られる点字テープが間違っているケースをしばしば耳にする。これは、視覚障害者の職員への雇用やモニターへの登用が実施されていない結果として生じているものである。

5　障害者の参加システム

これまで述べてきたように、日本で福祉のまちづくりが推進されたのは、障害者の運動によるところが大きい。行政はそうしたニーズを一部に取り入れ、指針や基準をつくってきた。とはいえ、統一性・体系性を欠いてきた傾向が強い。

その理由は、三つある。第一に行政手続きの独立性、第二に行政担当者と特定分野の専門家と一部事業者による「環境整備における専門性」、第三に行政の閉鎖性である。すなわち、行政は権限をもった担当者が誤謬なく実施すべきであり、運動的立場の者の関与は調整をむずかしくするという判断が自然と働いてきた。環境整備は専門家が対処すべきであり、素人は混乱の原因となるという先入観もある。そこに欠けていたのは、障害者や健常者の市民参加の仕組みである。それゆえ、施策に実効性が欠けてきた点を見逃せない。

見方を変えれば、行政が障害者や健常者を参加させる仕組みを構築できなかったのである。一部の専門家や業界関係者を受け入れる審議会はしばしばつくっても、公募されるケースは少なかった。

公共政策を紡ぎ出す主体には当然、市民が含まれる。彼らの参加は、政治的対立を助長するのではなく、理性的・合理的な検討過程を貫くことによって、よりよい政策立案に結びつく。ところが、そうした展望が欠如していたのである。さまざまな主体の叡智を結集し、共生の理念にもとづいて必要な調整を行うとき、市民の参加は公共を支える大きな力となるはずである。市民の参加を抑制する自治体や行政部局は、最適な政策の検討を尽くしていない。

そもそも福祉のまちづくりの実現には、①ニーズの把握、②ニーズを実現する方法や基準の設定、③対象を定めて実施する計画が不可欠である。このいずれにおいても、障害者の関与は、必要でこそあれ、マイナスにはならない。彼らは、そこで生活し、設備を使用する恒常的ユーザーであり、その意味での専門性をもっているからである。

もちろん、世論の動向を受けて、障害者参加の仕組みをつくっている自治体は少なくない。ここで、その参加パターンをいくつかの次元で考えてみよう（表1）。

まず、審議への参加機会、会の権限・位置付けによって、分類できる。現状においては、恒常的に運営され、審議会のように権威的に位置付けられるよりも、臨時的で、懇談会的な性格の参加システムのほうが多いようだ。

次に、誰が参加しているかを見ると、障害者団体の代表のみという限定された状態が多い。最近で

表１　障害者の限定的な参加システムと非限定的な参加システム

	限定的参加システム	非限定的参加システム
活動機会	臨時的	恒常的
権限、権威的位置付け	懇談会	審議会、諮問委員会、協議会
参加者の資格	団体代表	団体代表＋個人参加
参加の過程	基本政策(計画)立案過程、基準策定過程	計画立案、調査、基準策定、事業実施、事後評価など諸過程
参加のレベル	一時的な検討委員 調査の被験者 ヒアリングの対象者	専門家 職員 コミュニティ・オフィサー（コミュニティ・キーパー） 公募委員

は、肢体不自由、視覚障害、聴覚・言語障害のように障害者の分類をつくり、各障害者団体の代表クラスが名をつらねる自治体もある。しかしながら、問題は参加者の妥当性である。障害者には、一匹狼的に研究を進めている専門家がいるケースもある。彼らはしばしば、団体のリーダーよりも精力的に外出し、研究している。

そして、基本政策（計画）立案から事業の実施に至るまでの諸過程での参加が重要である。以下の三つの段階が考えられるだろう。

①ともかく参加、複数の参加

第一に、ともかく参加の仕組みをつくることに意義がある。審議会や諮問委員会・協議会に障害者枠が設けられ、ニーズの把握調査、福祉のまちづくりの基本構想や整備基準の策定に障害者が参加する。このとき、多様な障害者のニーズに応え、障害の種類ごとの検討が可能となるように、多様な障害者の参加が望ましい。

②恒常的な参加システム

第二に、恒常的な参加の仕組みをつくること。福祉のまちづくりは、絶えずフィードバックをともないつつ前進していく取組みであり、計画から実施までの各段階で参加できることが重要だ。すなわち、ニーズの把握段階、基本計画立案段階、基準策定段階、実施計画決定段階、事業実施段階、事後評価段階（直後のアセスメントで、事業実施と連動する過程）、日常的評価・再発見段階（事業実施の一連の過程とは別に発生する問題発見的な過程）などである。基本計画や基準策定時に部分的な参加しか行われないと、実施した結果が予想に反する場合も出てくる。事後評価段階への参加も、とりわけ重要である。この段階において、福祉のまちづくりがどれだけ進んでいるか評定されるからである。

また、参加は障害者団体の代表に限定すべきではない。リーダーが参加する意義はもちろんあるが、一人だけが代表するシステム自体が望ましくないし、必ずしもすべてを代表できるものでもない。障害者団体の役職はもたずに、個人的に福祉のまちづくりを進める活動を行っている人も参加できる仕組みを考慮すべきである。

そして、障害者枠に加えて、健常者の公募枠をぜひとも設けるべきである。障害者のニーズや判断を健常者が別の感性から受け入れて理解し、判断する意義は大きい。障害者と健常者とでは、磨きをかけてきた感性の内容が異なり、相補的な検討がよりよい結果を生む。これを私は「感性の交換」と呼んでいる。調査や評価・検討の手続きにおける感性の交換の導入は実り多い。

③多元的な参加システム

第三に、多様なかたちでの参加システムの構築が重要になる。調査の被験者としてのみならず、調査の企画・立案者として、研究者として、障害者の参加が必要だ。行政の担当者として障害者が参加していることも望ましい。

加えて、地区担当者を決めて、コミュニティ内の問題をたえずフォロー・アップするシステムを取り入れるべきである。これを私は仮に、コミュニティ・キーパーシステムと呼んでいる。実際ロンドンでは、障害者の移動環境の問題点をピックアップするアクセス・オフィサー制度があり、移動を阻害する問題点について目を光らせている。[12]前述した点字テープの貼り方などの初歩的なミスは、チェックを担当する障害者職員がいたり、コミュニティ・キーパーシステムがあれば、解決できる。

冒頭に述べた福祉のまちづくりの三つの矛盾を解消するには、障害者市民、健常者市民、企業市民と行政が連携して、まちづくりの主体となる必要がある。そして、資源を適切に投下・配分し、環境に働きかけて、多様な主体が共に生きられ、生きがいを追求できるような社会整備をしていかなければならない。

もっとも、理念的にまとめてしまえば、簡単に終わってしまう。福祉のまちづくりに関して自治体を評価するうえでこれから必要なポイントは、いかに崇高な理想を掲げているかでも、いかにすぐれた基準を設けているかでもない。さらに、いかに多くの予算を投下しているかだけでもない。実態をいかに調査し、評価し、計画と事業に結びつけるシステムができているか、障害者市民を含むまちづくりの仕組みが多様な次元で用意され、障害者市民が多層な立場で参加しているかが大切である。

こうした点が満たされてこそ、きたるべき共生社会がもつ真の豊かさを実感できるだろう。行政はそのための条件を整備し、障害者市民や健常者市民や企業市民がもつ創造性を活かすための方策を講じなければならない。

（1）麦倉哲ほか『車イスから見た歩道』新宿福祉ウォッチングの会、一九九三年、麦倉哲・前島賢三「福祉のまちづくりと歩道点検調査」『月刊自治研』一九九四年一月号、参照。

（2）ハードのバリアとソフトのバリアに、制度的バリアを加えて、三つのバリアともいう。

（3）七六年に制定された京都市の環境整備要綱は、公共建築物の入口段差、階段段差、手すり、障害者用トイレの設置などを基準内容としている。

（4）視覚障害者に歩行のための情報を提供する機能をもつ床材ブロック。線状ブロックと点状ブロックとがあり、線は進行方向、点は注意喚起を意味する。

（5）大下勝正『車いすで歩けるまちづくり』ありえす書房、一九七七年、参照。

（6）東京都『東京都福祉のまちづくり施設整備マニュアル』一九九六年、参照。

（7）麦倉哲ほか『市民版人にやさしい歩道論』『歩道論対策論 中間報告』（新宿福祉ウォッチングの会、一九九五年）では、傾斜バリアの基準化を提起している。また、『世田谷区福祉のいえまち推進条例施設整備マニュアル』（一九九七年）では、東京都の整備マニュアルに含まれていない傾斜を基準化した。

（8）駅のプラットホームの線路側に自動ドアを設け、電車が停車して乗降する際に、車両ドアと連動して開閉するドア。日本では八〇年の神戸市のポートアイランド線が最初である。

（9）『視覚障害者のホーム転落事故調査』福祉ウォッチングの会、一九九六年、『視覚障害者から見たホームの安全対策』福祉ウォッチングの会、一九九七年、麦倉哲「障害者と都市の環境」好井裕明・桜井厚編『差別と都市環境』新曜社、二〇〇一年、参照。

（10）運輸省『公共交通ターミナルにおける高齢者・障害者のための施設整備ガイドライン』一九九四年、運輸省運輸政策局消費者行政課『バリアフリーと交通』中央法規、一九九七年、麦倉哲ほか『駅と障害者・高齢者』新宿福祉ウォッチングの会、一九九四年、参照。

（11）大阪市交通局の安全対策の不備については、地下鉄事故についても指摘できる。大阪市営地下鉄で視覚障害者の転落事故が多発していることについて、大阪市は転落防止のための柵（始柵・終端柵）を他の事業者に比べて積極的に設置していると主張している。しかし、転落防止機能を十分に果たしているかどうかには疑問が残る。視覚障害者と安全対策の専門家を含めた再検討が必要である。

（12）財団法人国土開発技術センター『都市のバリアフリー化に関する欧州視察報告書』一九九九年、参照。

第9章　スポーツ事業における公民協働の可能性
——アイスホッケーチーム「日光バックス」の設立運動を素材にして

中村　祐司

1　企業スポーツの転換と公共性

バブル経済崩壊後の一九九二年以降、日本独特といわれる「企業スポーツ」の衰退が顕著になってきた。ここで日本独特というのは、数々の実業団リーグに代表されるように、トップクラスのいわゆるエリートスポーツ選手が企業の運動部に所属し、社員の一員あるいは契約選手として、「企業プロ」活動に専念する特殊な状況のことをいう。企業は従来、練習設備や用具、遠征に付随する宿泊・交通・食事、試合会場などの費用を丸抱えしてきたケースが多かった。しかし、九〇年代の不況や経済悪化にともなう業績不振により、運動部が休部や廃部といったリストラの対象になったのである。

女子バレーボールの鐘紡やユニチカ、日立、陸上の大京や雪印、スキーの北海道拓殖銀行やニッカ、バスケットボールのジャパンエナジーやＮＫＫ、東芝など、ここ一〇年あまりの状況を見ると、こうした企業スポーツのあり方が根本から見直される時代に突入したといっても過言ではない。本章で取り上げる「日光バックス」(栃木県日光市を本拠地とする市民クラブ型のアイスホッケーチーム。正式名称は「ＨＣ(ホッケークラブ)日光アイスバックス」。バックスの意味は英語のBucks=雄鹿の複数形に由来)も、七〇年以上にわたる歴史を誇ったアイスホッケー界の伝統チーム・古河電工アイスホッケー部の廃部表明にその出発点があった。

では、なぜ、地方における一アイスホッケーチームが本書の主題である「公共を支える民」との関連で考察の対象となり得るのであろうか。それには、三つの理由がある。

第一に、設立経過におけるいくつかの節目において、その存続をめぐる問題がますます公共性を帯びていったからである。

第二に、チームを直接・間接に支えていこうとする市民の運動や企業の支援があり、わずかながらも行政の後押しが存在し、それが今日に至るまでチームの支えとなっているからである。

第三に、設立に至るまでの一連の課題克服というプロセスのなかにこそ、企業スポーツの転換というスポーツ政策領域の枠を越えて、地域に生きる人びとがそこに生きる意味、地域の文化的存在を守り維持していくことの価値、自分たちの住む地域のあり方を自分たちで決めていくことの意義、そして他地域の人びととの連携も含めた、地域主権といわれるものの萌芽が、いくつかの問題を内包しながらも見てとれるからである。

そこで以下、おもに九九年一月から九月までにおける日光バックスの設立経過や運営をめぐる問題を対象として、市民やファンとその団体、日光市や栃木県、議員、日本アイスホッケー連盟、栃木県アイスホッケー連盟、古河電工、スポンサー企業などといった諸アクターの動態や相互作用を描き出し、公民の協働とその限界および課題について考えていきたい(1)。

2　廃部表明とチーム存続署名活動

「アイスホッケー発祥の地」「おぎゃあと泣いたらスケート靴を履いている」「アイスホッケーは日光の〝国技〟」と市民の間で語られるほど、日光市（人口約一万八〇〇〇人）ではアイスホッケーが人気スポーツである。この人気を支えていたのが、一九二五年に創設された日本でもっとも歴史のあるチーム、古河電工アイスホッケー部であった。三月のシーズン終了後に廃部するという九九年一月中旬の正式発表の背景は、不況下の業績不振により、アイスホッケー部の年間運営費四〜五億円の経済的負担を放棄するという企業論理である(2)。

このとき、日本アイスホッケー連盟（日ア連）の堤義明会長は、三月末までは栃木県アイスホッケー連盟(3)（栃ア連）を軸とする新たなスポンサー探しを見守り、それがうまくいかない場合には、日本リーグ六チーム体制を維持するためにも八月末までに日ア連が中心となって全国的なスポンサー探しに移るという方向を打ち出す。また、古河電工の選手は八月まで拘束され、他チームからの選手引抜き、移籍は認めないことも表明した。(4)

二月中旬、日光市を本拠とするチーム存続を願うファンが署名活動を開始。実質一カ月半で、県内で四万一〇〇〇人（うち日光市で約一万一〇〇〇人）もの署名を集め、四月初旬に日ア連会長に提出した。署名用紙を一〇〇枚、二〇〇枚と自ら希望して受け取った日光市民が多かったという。

「日光市以外に本拠地をもっていっても、素晴らしいサポーターと最高のリンクの雰囲気をもっていくことはできません。古河電工アイスホッケーチームは、日光にあってこそ価値があるのです」という要望書に名前を連ねたのは、古河電工アイスホッケーチーム私設応援団「闘魂会」、古河電工アイスホッケー後援会、日光市役所職員勝手に応援団、サポーターホームページ「どとほー」、UFF同好会、古河電工アイスホッケーチーム私設応援団「クマの会」といった多様な面々であった。こうした署名運動の盛り上がりを受けて、日ア連会長は、栃ア連主導の新たなスポンサー探しの期限延長を決定した。

ここで興味深いのは、次の二点である。一つは、野球やサッカーに比べると栃木県内においても決してメジャーなスポーツとは言えないアイスホッケーチーム存続の問題に関して、短期間でこれだけの署名が集まったことだ。もう一つは、それにもかかわらず、署名活動がまさに自然発生的にふくらんでいくなかで、これを強力に統制する一つの団体が存在したわけではなかったことである。

一方、栃ア連では「地元で古河以上の企業を見つけるのは無理な話」と受けとめながらも、日光市長による県内企業への働きかけも含め、①一つの企業による引受け、②複数のスポンサーの獲得、③市民クラブの設立という三つの選択肢の下で、スポンサーの獲得に向けて活動を開始した。また、県内選出国会議員一五名に対して、県内企業への働きかけを陳情している。

こうした日ア連の対応の変化に関しては、ファンによる署名運動が大きな影響力を行使したことは間違いない。日ア連主体で全国的にスポンサー探しをするという事態になれば、日光を本拠地とするチームの可能性はほとんどない。二月中旬から三月末に至る「何かしなければ」というファンの気持ちが結集した形での自発的な署名運動の果たした役割が、日光バックス誕生に向けた第一歩となったことを強調しておく必要がある。(5)

3　存続のためのさまざまな活動

日ア連への「延命」の働きかけと資金の確保策

栃ア連ではスポンサー探しのタイムリミット延長を受けて、四月から「設立プロジェクト」に、古河電工時代のチームマネージャーを事務局員として加え、正式に新法人設立に向けた活動を開始した。ここで最初に模索された法人形態が、NPOである。そして、法人格を取得する場合の設立までの期間、組織、選手の取扱い、税法、解散時の清算方法などについての検討がなされていく。しかし、三月に特定非営利活動促進法（通称NPO法）が可決成立したばかりで税制の優遇措置がまだ確立していなかったこと、日本リーグにおける他の五チームが株式会社のためそれらといっしょに営利活動する場合に足並みの乱れが生じること、またNPOそのものについての理解が栃ア連理事の間で深まらなかったという事情もあって、結局、断念せざるを得なかった。

栃ア連は一月以降、スポンサー企業の獲得に向けて奔走してきたが、結果は思わしくなかった。日ア連から獲得期間の延長を署名運動に助けられた形で引き出すことはできたものの、展望が開けていたわけではない。古河電工に代わる新チームの法人形態やその中身、設立計画などを明確に打ち出したうえで、複数のスポンサーの獲得に走らなければならない状況に追い込まれていたのである。

同時に栃ア連は、日ア連に対して日光を本拠地とする新チーム設立の必要性と可能性を強く訴え続けなければならなかった。それは、次期第三四回日本リーグを従来どおり六チームで開催するのか、あるいは暫定的に五チーム構成でいくのかというリーグ運営方法の改変問題をも巻き込むことになる。

加えて、栃ア連は日ア連に対して、日本リーグにおける新たな運営収入の開拓方策を提案した。

① 氷上、フェンスを含む試合会場内の広告宣伝、ヘルメット、ユニフォームを含む着衣広告宣伝を承認してもらう。

② ホーム会場での必要運営経費は入場者収入でまかない、残額の入場者収入は開催地連盟と新チームの収入とする。

③ プログラムなども必要運営経費として新チームと開催地連盟が作成販売し、両者の収入とする。

従来、たとえば日本リーグの入場料は、入場者の多少にかかわらず各チームに年間一律二〇〇万円ずつ配分され、その他は全日本チームの強化費などに当てられていた。要するに日ア連がいったん吸い上げたうえで、少額を各チーム一律に配分する形式をとっていたのである。各チームから見れば、資金形成をめぐる自己責任が問われない代わりに、資金増大に向けたマネジメント活動の誘因が生じにくい状況にあったことは確かである。

以上のように四〜五月における栃ア連の活動は、日ア連に対する説得・要請と、説得力を高めることにつながるスポンサー獲得活動が中心であった。こうした栃ア連の働きかけに対して、日ア連としては、①あくまでも具体的な資金獲得と法人格取得の裏付けが必要である、②一社ないしは二社でチームを抱える体制を優先する、③それができない場合には次のシーズンは五チーム体制でもやむを得ない、という回答を提示した。

新チーム設立に向けたファンとの協働の試み

資金面や法人格についてあくまでも具体的な裏付けを求める日ア連の姿勢を目の当りにした栃ア連は、この裏付けを示すためのスポンサー探しとチームの輪郭固めに向け、活動の幅を広げていく。その一つが、ファンクラブへの「仮申し込み」を得て、実際のファンクラブ収入を確定予測することだった。そのためには、ファンの協力活動が不可欠となる。また、一社ないしは二社の丸抱えによるチーム設立は不可能であるとの結論から、高額スポンサーを「一社一選手一〇〇〇万円」という発想で複数獲得して、クラブ形態のチームの設立をめざすようになる。

五月中旬に開催されたファン三〇名との会合で栃ア連は、高額複数スポンサー収入二億円、広告収入五〇〇〇万円、ファン収入一億円（内訳は、年会費一万円のファン三〇〇〇名、同三万円のファン二〇〇名、同一〇万円の一〇〇法人）、合計三億五〇〇〇万円の資金を得ることが新チーム設立のためのぎりぎりのハードルであると説明。とくに、会費収入面での協力活動をファンに対して求めた。

これに対して、ファン二六名はその場で「日光バックスファンクラブ準備会」（以下、準備会）を発足させ、数日後にはファンクラブ入会アンケートを開始する。ただし、二月のチーム存続署名活動の中心が日光市民であったのに対して、準備会の構成メンバーは会長も含め、ほとんどが市外のファンから構成された。この会合では、ファンから栃ア連に対して、日光市民の意識、自治体からの援助、社員選手の処遇、新チーム設立の時期、法人格の形態などについての質問が出されている。

以後、栃ア連とファンはそれぞれの役割分担に沿って、収入見込みを確定するための活動に奔走した。「HC NIKKO Bucksを応援しよう！――古河電工から日光バックスへ――」というアンケートには、「財源の確保が最重要」だとして、将来的にファンクラブを設立した場合に支払える年額を一万円、三万円、一〇万円に分けて尋ね、これを郵送かＦＡＸで準備会事務局に直接送付してもらう方策をとる。選手も自らアンケート用紙を配布し、切手を貼った返信用の封筒を自分で用意する準備会のメンバーもいた。市外・県外において協働するファン間のネットワークが形成されるなかで、実質一カ月半弱の活動の成果は総回答数が二〇〇〇件以上、回収予想金額が約三七〇〇万円だった。

しかし、準備会の真の狙いは、資金面確保の見通しを立てるというよりは、日光バックス設立に向けたPR活動の各種メディアを通じたアピールと、設立された場合に迅速に連絡を取るためのファン名簿の作成にある。そこで、準備会の活動情報をメディアに伝え、新聞社などからの取材には自らが社に出向いて、積極的に働きかけていく。

たとえば、アンケートの配布活動や店頭へのアンケート用紙の設置に加えて、日光バックス支援の要請を栃木県知事に手紙・FAX・Eメールで、地元テレビ局にFAXで送付するように、県内外の人びとに呼びかけた。また、栃木県知事と日光市長に対しては、とくに財政面での「日光バックスホッケークラブ設立支援を願う要望書」を提出した。

このなかで、準備会は自らの活動を「個人の努力・街頭活動・インターネットなどを通じて市民運動的な要素を強めてきて」いると位置付けている。運動の過程では、ファン自らがスポンサー企業の獲得に動くという「勇み足」もあったが、準備会としては栃ア連との役割分担を意識してスポンサー企業獲得の活動は避けた。そして、あくまでも入会アンケートとメディアに訴える形でのPR活動に専念する形をとり続ける。

一方、栃ア連は連盟内の設立プロジェクトを「HC日光バックス設立委員会」(代表は栃ア連理事長、委員は栃ア連理事一七名を含む二〇名、事務局員三名)へと強化。五月中旬から一カ月間で、「一社一選手一〇〇〇万円」の選手所属スポンサーの獲得をめざして二〇社に働きかけ、高額スポンサー獲得に向けて二三社にアプローチする。だが、明確な回答は一社からも得られなかった。(6)

栃木県に対しても、日光市選出の県議会議員、県体育協会、教育委員会保健体育課、県議会議長、出納長、教育長、県知事へ協力要請し、日光市に対しては選手の雇用、県・他市町村への協力要請、市バスの使用など盛り込んだ協力要請書を提出、さらには市議会議員への説明も行っていく。しかし、日光市議会における陳情書の採択を除けば、企業と同様、何らの確約も取れなかった。

準備会、栃ア連、日光市民の乖離

このように五月中旬以降の準備会と栃ア連の活動を見るかぎり、その成果の点ではいわば「明暗を分けた」状況になった。ここで指摘しておかなければならないのは、両者の間で活動をめぐる情報交換ないしは協議の場がもたれなかったことである。

入会アンケートの効果を少しでも高めたい準備会としてみれば、栃ア連による活動の経過説明、企業や自治体などの反応に関する情報を逐一入手することで、活動戦略の修正・転換が図っていける。したがって、栃ア連との密な情報交換は、準備会の活動基盤となる重要な資源（リソース）の意味合いをもっていた。にもかかわらず、栃ア連側からの接触がないために、孤立感・不満が高まっていく。それが、懐疑にも似た質問を栃ア連に突き出すことにつながった。

「栃ア連として、いままでに日本リーグチームを日光に残すためにどのような努力をしてきたのか。われわれファンにはまったくその努力の跡が見えない」

一方、栃ア連は、以下のように考えていた。あくまでも自分たちが主体となってスポンサー企業獲得や日ア連への説得に向けて奔走しているのであって、自らの活動方針にいわば主従関係にある準備会が介入してくるのは論外である。資金的に見ても大口スポンサーの獲得こそが喫緊の課題であり、入会アンケート活動はその補助的手段にすぎない。また、日光市におけるアイスホッケーは古河電工アイスホッケー部とともに栃ア連こそが支えてきたのであり、市外のファンにとやかく言われる筋合いはない、と考える設立委員会のメンバーがいたことも確かである。

こうした栃ア連の姿勢は、ある意味では伝統的に根付いていたものだったのではないだろうか。というのは、少なくとも古河電工アイスホッケー部の廃部が伝えられる以前の日光市アイスホッケー界においては、古河電工の関係者や市内アイスホッケー名門校OBを理事として抱える栃ア連の方針に対する異議申し立て者の存在など考えられない状況が何年にもわたって続いていたからである。

傘下団体に対する上位下達的なコミュニケーションルートに典型的に表れているように、唯一自分たちこそが日光ひいては県内のアイスホッケー競技をリードしているのだという自負が長年にわたって定着していた。それは、九五年まで栃ア連事務局の仕事を日光市の行政職員が担っていたことにも見て取れるように思われる。

もう一つ指摘しておかなければならないのは、二〜三月のチーム存続署名運動と五〜六月の入会アンケート活動に対する、日光市民の反応の違いである。前者においては、市民だけで約一万一〇〇〇人の署名がなされた。それに対して、後者においては、自治会を通じて日光市全世帯（約七〇〇〇世帯）に入会アンケートを配布したにもかかわらず、七月初旬の段階で約六五〇名と盛り上がりに欠けた。確かに、年会費の納入につながる入会アンケートと金銭負担のない署名運動とを同列には論じられないであろう。しかし、これを差し引いても、やはり入会アンケートへの回答に拒否の意思をもった日光市民が圧倒的に多かったという事実を、どう解釈すればよいのだろうか。

日光市では九八年三月、古河電工が経営する古河記念病院の閉鎖が表明され、その後の移管問題が複雑化したため、これとアイスホッケー部の廃部とが重なる形で論議される場合が多かった。とくに、準備会による入会アンケート活動がスタートした九九年五月以降、日光市の行政関係者や議員の間では次のようによく言われていた。病院がなくなることは市民の生命に直結するが、アイスホッケーチームがなくなったところで一つの「遊び・楽しみ」がなくなるにすぎない。したがって、病院を存続させるために市が財政を支出するほうが優先されなければならない。

この論調の是非はともかく、入会アンケート活動に対する日光市民の冷めた態度の背景には、「生活するうえで困るわけではない」という行政関係者や議員と同様の受けとめ方が多かったことは否定できない[9]。しかし、やはり以下のような要素が決定的に作用したように思われる。

すなわち、署名運動の際には、日光市民は古河電工という日光を本拠地とするチームの存続を強く願ったからこそ、積極的に協力した。いわば、地元のアイスホッケーチームに対する純粋で強い愛着心が署名という一人ひとりの行為に直結したことになる。これに対して入会アンケートに対する協力の場合、準備会が主導したとはいうものの、自治会を通じた全戸配布に見られるように、運動過程で栃ア連が前面に出ている。そのために、この組織に対して市民が日ごろ抱いているマイナスイメージや反発に近い評価が表出したのではないだろうか。

一方で、この間の準備会と栃ア連との相互コミュニケーションの欠如が、皮肉にも両アクター間での摩擦顕在化の回避につながり、結果として微妙な均衡が維持された側面も否定できないであろう。

4　スポーツ事業における公民協働の可能性

資金確保をめぐる救済と支援

六月中旬には、日ア連副会長が新チーム立ち上げは不可能に近いだろうとの判断を示し、一時は設立が絶望視された。このとき準備会では、東京・代々木にある日ア連と大手町にある古河電工本社での抗議デモの実施を真剣に考えたという。

ところが、同月二五日の記者会見で、堤日ア連会長は日光バックスの設立と日本リーグ六チーム体制に前向きな姿勢を示し、その理由として三点を指摘した。①日本リーグ試合興行権（入場者収入）のホームチームへの譲渡、②日光市民などファンのチーム存続運動の盛り上がり、③ユニフォーム広告の許可により、ある程度の財源確保のめどが立った。また、古河電工サイドから資金面で何らかのバックアップの約束が得られたことも示唆し、これまで八月末としていた新チーム設立期限を、「リーグ開幕ギリギリ（一〇月上旬）まで」に延長することも表明されたのである。(10)

②については、準備会の活動の一成果として理解できる。①と③については、まさに栃ア連が日ア連に一月以降から要請し続けていたことの実現である。さらに、新チーム設立期限の延長や古河電工

による資金提供を加えると、この措置は実質的な「日光バックス設立救済・誘導策」の表明ともいえる性格だったことがわかる。

しかし、「ある程度の財源確保のめど」については、不確定要素が大きかった。七月上旬に開催されたファンクラブ準備会総会において栃ア連は、「ファンクラブの年会費と入場料で一億円。今後、自治体を含むスポンサー収入で一億円ぐらいを集める予定。現時点で目標の約六〇%までできた」と説明している。(11)とはいえ、九九年九月から二〇〇〇年三月までの必要経費とされた三億五〇〇〇万円のうち、ファンクラブ収入五〇〇〇万円、スポンサー収入二五〇〇万円、入場料などの興行収入五〇〇〇万円、広告収入五〇〇〇万円といった最大限レベルの見込みを立てたとしても、収入見込みは合計二億円に届かなかった。

ここから古河電工による一部選手の人件費負担（四〇〇〇～五〇〇〇万円）を差し引いた差額約一億円を埋めるために、栃ア連は資金集めに再び奔走する。古河電工アイスホッケー部は八月中旬をもって廃部が確定しており、実質的な新法人設立を決定する最終期限は七月末から八月上旬に設定された。以後の展開は、以下の新聞報道を引用しよう。

「設立断念の公表予定日であった（八月）三日、選手たちは栃ア連事務局で開かれていた理事会に押し掛けて存続を直訴。決算書を示して『どうにもならない』と説明する幹部に、『給料がなくてもいい』と詰め寄った。選手の手当てを削れば、約五千万円が浮く。となると、残る不足額は数千万円。移籍交渉の問題が絡み、存続是非のタイムリミットは同五日。選手は部屋に泊まり込み、徹夜の金策に走った。地元企業回り、北海道など郷里の知人らに連絡してスポンサーを募り、二日間でなんと四千万円をかき集めた。手当て返上分を合わせると一億円近くなる。このラストスパートに栃ア連は、土壇場で新チーム設立に方針転換した。(選手の給与を大幅に引き下げると同時に、チーム運用資金を当初予定の三億五〇〇〇万から二億円に下方修正したうえで)栃ア連は同九日、役員らが個人出資し、日光バックスを運営する有限会社を設立。同一八日には日光バックスのリーグ参戦を正式に決めた。この逆転劇に、日光市も九月議会で一千万円の運営補助を可決、支援の輪が一気に広がった[12]」

公民の協働関係の構築に向けた萌芽

栃ア連の理事長は日光バックスの設立にあたって、「多くの壁にぶつかったが、多くの人たちの力添えと情熱でスタートできた[13]」というコメントを残している。設立に至る一連の動きを振り返り、栃ア連が直面した大きな「壁」をあげるとすれば、①古河電工廃部表明(九九年一月)への対応、②新法人設立のための資金確保をめぐる日ア連からの具体的裏付け要求(五月)への回答、③日ア連に対する最終的な資金確保の見通しの提示(七月)、の三点に集約されるのではないだろうか。

「壁」を乗り越えようとする栃ア連の行動は、「空回り」に終わった感がある。節目節目で一種の閉塞状況に陥っていた栃ア連の活動を立て直し、日光バックスの設立に向けた活気を注入した主役は、まさに日光市民を中心とするチーム存続の署名運動であり、市外・県外のファンを核とする準備会が主導した入会アンケート活動であり、古河電工アイスホッケー部の選手たちであった。これら三つのアクターがあたかも水面下で連携するかのように入れ替わり立ち替わり自然発生的に登場し、設立断念に傾く栃ア連の活動を支え、勇気づけ、次の一歩を踏み出させる原動力となったのである。

たしかに署名運動後の地元日光市民による活動は、消極的なものに終始したといえる。そして、準備会と栃ア連との乖離、準備会と日光市民との乖離、日光市民と栃ア連との乖離は、結果としてスポーツ事業をめぐる市民運動が日光バックスの運営面にまでは浸透しなかった主要因になった。また、栃木県の消極姿勢、日光市の「様子見に終始した」とも取れる対応の遅さは、準備会や選手の行動とはあまりにも対照的であった。

さらには、こうした過程を経て設立に至った日光バックスの運営母体である「栃木アイスホッケークラブ」はその出資者のほとんどが栃ア連の理事で占められ、準備会の会長など若干名を除いて、部外者は排除された構成となっている。これは、栃ア連という公的組織と有限会社であるクラブの中身とが実質的に融合しているという問題を派生せざるを得ないであろう。また、推測の域を出ないものの、日光バックス設立の可否をめぐり決定権をもつのは日ア連（日ア連会長）であり、市民運動も含めてこの掌の上で踊らされたのが設立運動ではなかったのか、という冷めた見方も可能ではある。

しかし、一方で設立に至るまでの一連の過程からは、スポーツ事業をめぐる公民の協働関係の構築に向けた萌芽が読み取れることも事実である。たとえば、日光市は九月になってようやく日光バックスに対する補助金一〇〇〇万円の交付を決定したが、結果としてそれ以外の目立った支援活動は行わなかった。とはいえ、設置に向けた動きのなかで市長は、総合行政を担う市長職との兼ね合いに悩みながらも、栃ア連の会長としてスポンサーの獲得に向けて積極的に企業に足を運んでいる。また、栃木県にしても、日光バックスが本拠地の試合会場として頼らざるを得ない県立霧降アイスアリーナの使用を、一般開放前の午前八時から一時間半に限定してはいるものの認めている。このように日光バックスの設立にあたっては、わずかではあれ、行政の後押しが存在したのである。

そして、何よりもこうした公民の協働をめぐって市民主権の萌芽が見られたことは、インタビューの過程で得た以下のような言葉にも表れている。

「市民運動と栃ア連とは車の両輪でした」(千葉哲夫氏)

「日光市のアイスホッケーチームが市の文化遺産であることは、間違いありません」(大野和男氏)

「七十数年間続いたチームが企業の一言で間単に終わっていいのかと思いました。どうして日光市民は騒がないのかと言われましたが、そもそも生活の一部であったチームがなくなること自体が信じられなかったのです」(伊藤今日子氏)

「選手時代に初めて日光市民から応援を受けたとき、こんなに熱狂的で素晴らしいファンはいないということを肌で感じました。アイスホッケーは日光で呼吸している文化だなと思いました。ファン一人ひとりは砂粒であっても、その上の小石を広げていくような〝バックスコミュニティ〟をつくっていきたいのです」(建部彰弘氏)

「準備会の活動にあたっては、とにかく走り出してから考えることにしました。一個人としてまず行動してみることが大切だと考えました」(大蔦広之氏)

「自分たちにできることは署名活動ぐらいしかありませんでしたが、とにかく何か行動しなければと思いました」（横田進氏）

「古河電工アイスホッケー部の選手たちが自らの収入を大幅に下げてまでチーム存続のために団結したことは、忘れられません。このチームの選手同士の人間的つながりはとても強く、ファンはこうした選手・チームの魅力に引かれて応援するのです」（矢田宏氏）

このような言葉に加えて、次の点が指摘できよう。①準備会の活動に見られたように、一地域の運動を超えて日光バックス支援のネットワークが形成された。②野球やサッカーと比べてマイナーとされるアイスホッケーの分野で、こうした市民運動とも呼べる広がりが起こった。③企業の意向に左右されない、市民主導型のスポーツクラブ運営の新しい模範になるのではないかという期待をもつことができる。④こうした市民・企業・行政の協働形態は、スポーツ領域のみならず、すべての市民活動領域に通じる可能性がある。

日光バックスの廃部表明が突きつけたもの

二〇〇〇年一一月三〇日、栃木アイスホッケークラブは、日光バックスの二〇〇一年三月限りでの活動停止（廃部）を正式に発表した。

ファンクラブ・後援会会員数は開幕前の約三〇〇〇人から約四五〇〇人へと増えたものの、日光市からの支援は一二月に補正予算五〇〇〇万円が見込まれるのみであり、県からの補助は一切得られていない（二〇〇一年一月一〇日現在）。古河電工からあった約一億円の援助も打ち切られ、これに拍車をかけるように、練習リンクであった「電工リンク」も夏には閉鎖された。入場料収入も伸び悩み、スポンサー企業は大口の二社が撤退。圧縮した運営費（二億六〇〇〇万円）をもってしても、六〇〇〇万円の赤字は避けられないという。九月に発表された雪印アイスホッケー部の廃部と並び、日本リーグの体制そのものの存続が危ぶまれる状況となっている。

しかし、この間、チーム存続のための新たな挑戦が積み重ねられてきたことも事実である。四月から八月まで、選手はトレーニング終了後、毎日のように営業活動に走り回った。スタッフはスポンサーの協賛金を集めようと、県内外の企業を数え切れないほど回ったといわれる。これに加えて廃部表明後は、県内外のファン三〇〇名が資金集めに奔走。二〇〇一年一月に開催される全日本アイスホッケー選手権大会出場への必要経費の大部分を確保し、いったんは表明した出場辞退を撤回させた。

ファンクラブ・後援会会員を一万人に増やして来シーズンの財源を確保し、県知事や企業への存続アピールを行おうとする動きも、草の根的な支援活動として広がり始めている。「アイスバックスを存続させる会」が発足し、インターネット上でも、行政の支援とスポーツ振興のあり方、署名活動の意味、本拠地移転などをめぐって、ファン同士の活発な議論が展開されている。

日光バックスの設立は自らが好むと好まざるとにかかわらず、まさに企業丸抱え型のスポーツチームから、市民（ファン）、行政、企業の相互協力・相互役割分担を通じた地域密着型のスポーツのあり方をめざしたものである。しかし、同時に、日本のスポーツ社会を取り巻く旧来のシステムが崩れ去ろうとしているまさに過渡期であるがための時代的制約を受けざるを得なかった。それは「スポーツ文化を次代に継承していくために頑張っている。しかし、われわれのやっていることは、今の日本では異常に思えてくる」(14)というスタッフの痛切な言葉に凝縮されている。

日光バックスは、ファンクラブメンバーの拡大、広告を含むスポンサー企業の獲得、そのためのインターネットのホームページ更新を含む各種ＰＲ媒体の充実、新規営業領域（キャラクターグッズやロゴマーク入りのパソコン販売など）の開拓など、自らの存続をかけ、万策尽き果てるまで多岐にわたって運営戦略を展開したことは間違いない。(15)

単にアイスホッケーの愛好者を増やすという以上に、今後スポーツという文化活動の素晴らしさ・楽しさを人びとに伝え、その楽しさを与えられた人びとによって支えられ、企業や行政をも巻き込んだ形での協働関係は、構築されるのであろうか。スポーツ文化という公共を支える民の一翼になり得るスポーツクラブは、誕生するのであろうか。

おそらく今後の成否は、日光バックス（その運営母体である栃木アイスホッケークラブ）がめざしたようなスポーツクラブが、ファンや選手に対して十分な運営戦略情報を提供できるかどうかにかかってくるであろう。そして、チームの日常的な活動において、県内さらには県外において市民のスポーツ活動との草の根的な交流と運営への参加をどれだけ積み上げていけるかが、もっとも重要な鍵となるであろう。(16)

なぜならば、分散化したファン層・スポンサー企業・行政に対する「外向き」のコミュニケーションルートと、選手などに対する「内向き」のそれとを緩やかに統合・連結させ、そのための組織体制を構築することで、アイスホッケーとそのチームは地域の文化遺産として認知され、そこに公民が協働で支え合う新たな基盤が形成されるからである。その意味で、日光バックスの挑戦は、まさに公民協働をめぐる試金石と課題を提供したことは間違いない。

なお、二〇〇一年一月四日には、前年一一月に当選した新知事が、新年度の予算措置を含めた「物心両面」(『下野新聞』一月五日)の支援を行う方針を表明した。知事は、日光バックスの自主的な存続を前提としながらも、「新年度の予算編成の中で財政的な支援を含め方向性を出していきたい」(『下野新聞』一月一〇日)と述べ、日光バックスを取り巻く状況は、予断は許さないものの、存続に向けて転換しようとしている。

(1) 本章の作成にあたっては、以下の各氏とのインタビュー(二〇〇〇年七月六日～一三日)や資料提供に拠るところがきわめて大きかった。記して感謝の意を表したい。なお、カッコ内はインタビュー当時の職で、順番は実施順(敬称略)。千葉哲夫(栃木県アイスホッケー連盟理事長)、太田邦男(日光市教育委員会事務局社会教育課長)、大野和男(日光市教育委員会事務局社会教育課課長補佐兼体育係長)、伊藤今日子(栃木県アイスホッケー連盟事務局)、建部彰弘(有限会社栃木アイスホッケークラブ広報・企画担当マネージャー)、大嶌広之(日光市建設課土木係主査)、横田進(有限会社八洲物産)、矢田宏(特定医療法人西方病院外科医長)。

（2）日本アイスホッケー連盟は財団法人。二〇〇〇年九月下旬から二〇〇一年四月上旬にかけて行われる第三五回日本リーグの場合、西武鉄道、コクド、日本製紙クレインズ、王子製紙、HC日光アイスバックス、雪印の六チームから構成されている。なお、日光バックス、日ア連のホームページアドレスは、http://www.icebucks.net/top.html、http://www.jihf.or.jp/である。

（3）九八年度において栃ア連に所属しているチームは、日光市内の小・中・高校のチームや市役所、会社チームなど五三あり、その頂点に古河電工アイスホッケー部があった。

（4）堤義明・日ア連会長は同日の記者会見で、「そろそろ日本リーグはホーム形式っていうんですか、ホーム形式をとってホームチームがすべて責任を持って所属県連と日ア連に対して一種の管理費を払って後は全部自分達で賄うとしてですね。入場料収入が即部の活動費に当てられるようなことにしていって、形としてはある程度プロ化のような形をしてあまりに企業にべったりではなく、自立していけるんだと、将来収益事業にもなっていくんだという姿勢を見せるべきではないかと」（栃ア連資料より。傍点中村）と述べている。これ以後の日光バックスの設立に至る経緯は結果として、まさにこの発言内容を現実化していく方向で進んでいった。

（5）もちろん、当時、古河電工が打ち出した柔軟な姿勢が、スポンサー探しの期間延長の一助となったことは確かであろう。具体的には「①八月末までは部の運営経費を負担する、②新たな引き受け先が見つかった場合、社員選手は出向の形をとる、③古河電工リンクは来冬の栃木インターハイまでは維持する。新チームが結成されたときにはそれに対応する」（『下野新聞』一九九九年三月二四日）というものである。

（6）九九年六月一五日に開催された「日光バックス・ホッケークラブ設立委員会報告」では、選手所属スポンサーの獲得をめぐり、以下のような反省が述べられている。「どの企業へ説明しても口をそろえて『栃木県はどうなの?』『日光市はどうなの?』と自治体の協力体制を問われます。そして『日光でやっていること』『古河でやっていたこと』というイメージが強く、『栃木県のスポーツ文化』という認識は持ってもらえません。それに加えて『古河電工アイスホッケー部って日光に有ったんだあ』という声も多く聞かれます。先ずは自治体の協力と県民の理解を貰わないことには先へは進めないことがはっきりと解りました」

(7) 栃ア連が知事に要請したのは、栃木県として「HC日光バックス設立委員会」の活動への理解・応援(たとえば、県知事からの応援メッセージや県知事からの推薦状)のほか、選手の雇用、県内市町村や県内有力企業への協力要請、県立霧降アイスアリーナに本拠を置くことの承認と常設広告看板などの設置許可、であった。

(8) 実行には移されなかったものの、日光市議会議員のなかに以下のような考えの表明があったことは、指摘しておかなければならないであろう。すなわち、「私たち議員は、議員報酬の中から年間一人五〇万円、二〇人で一〇〇〇万円を協賛金として拠出して、日光市議会がニッコウバックスの支援に先鞭をつけるよう、切なる気持ちで提案したい」(三好國章「移設!!戦場ヶ原の国道」第三四号、一九九九年七月)というものである。

(9) このような指摘は、積極的に入会アンケートに協力した日光市民の存在を否定するものではない。たとえば、ある高齢者の女性は、栃ア連に宛てた投書のなかで、「『HC日光バックス』膝元の我々日光市民の意識と、意気込みが希薄ではないのか、という問題があるよう痛感しました。(略)『古河電工アイスホッケー部が無くなる』の報らせに、胸のつぶれるような思いをした人は沢山、沢山いたはずです。（略）祖先が残してくれた東照宮その他の文化遺産に依存するだけの町『日光』でいいのでしょうか。『アイスホッケーの町、日光市』、このキラキラと輝くようなイメージの町をふる里にもつ幸せを子どもたちに残していきたい！　また、『日光バックスの誕生』は、活気ある日光の街づくりにも大きな役割を果たすことと信じます（略）」と書き、自ら一戸一戸歩いて回り、入会アンケートの回答を得る覚悟を示している。

(10)『下野新聞』一九九九年六月二六日。

(11)『下野新聞』一九九九年七月五日。

(12)『河北新報』一九九九年一〇月三日。カッコ内は中村。改行は省略。また、「市や企業からの一千万単位の協賛金以外にも、『死んでからじゃ使い道がない』というお年よりからの百万単位の寄付が寄せられた」という（『産経新聞』（栃木版）二〇〇〇年二月五日）。なお、「有限会社　栃木アイスホッケークラブ定款」によれば、その目的は、①日本アイスホッケーリーグ加盟のアイスホッケーチームの経営、②アイスホッケーやその他スポーツ選手及びコーチ、レフェリー等の養成、指導、③アイスホッケー、その他各種スポーツ競技の興行・企画・実施及びその仲介、④前各号に関連する、ラジオ・テレビ等の放送番組、雑誌、出版物、音楽・映像ソフト、キャラクター商品（個人的な名称や特徴を有している人物、動物などの画像を付けたもの）の企画制作並びに販売、⑤飲食物、菓子類、スポーツ用品、玩具及び観光用土産品の輸出入及び販売、⑥スポーツ施設及びスポーツイベントの企画、運営、⑦広告事業、⑧ファンクラブの運営、⑨インターネット・ホームページの運営、⑩前各号に付帯する一切の業務、となっている。資本金総額は四三〇万円である。

(13)『毎日新聞』（栃木版）一九九九年八月七日。

（14） http.// douspo. aurora-net. or. jp/ ice/ verification/ verification2. html

（15） 二〇〇〇年七月一一日の『下野新聞』の報道によると、日光市が古河電工リンク（一九五七年に屋外リンクとして建設。七九年に室内リンクとなる）の経営引継ぎについて年間約二五〇〇万円の赤字は避けられないとして断念したため、「日光のアイスホッケーを四四年間支えてきた」同リンクの閉鎖がほぼ確実になったという。さらに、「同リンクは、国体など各種大会の開催や大学生クラブの合宿練習場として、旅館業界に多大な経済効果をもたらしてきた。また『HC日光バックス』の練習場でもあり、閉鎖によって同クラブのプレー環境はさらに厳しいものとなる」としている。これに続けて、九八年九月末に解散した第三セクター「日光リゾート開発」（日光・那須リゾートライン構想における第三セクター八社のうちの一社）に代わって、同年一〇月から市営となった「日光霧降スケートセンター」の市債残高七億円の負担があるということも断念の理由となったと書かれている。日光バックスにとっては、練習場の喪失のみならず、事務局や部室の移転も迫られることになる。しかも、他のリンクを利用した場合は年間六〇〇万円の使用料が加わる。古河電工リンクの閉鎖により、日光市内のリンクは市立細尾ドームリンクと県立日光霧降アイスアリーナの二施設のみとなるが、他の団体による予約で九月末までいっぱいの状況（二〇〇〇年七月現在）であるという。

（16） 二〇〇〇年七月一八日の『下野新聞』には、日光バックスが足利中央養護学校を訪問して生徒とユニホック（室内ホッケー）を通じて交流を深めたという記事が小さく掲載されている。記事には「同行職員が『ダメモト』で『ぜひ学校に来て、生徒と一緒にプレーしてほしい』と手紙を送ったところ、ボランティア活動を通じてアイスホッケーとチームの存在をPRしたいと考えていたバックス側からOKの返事をもらい、訪問が実現した」とある。

第10章　環境を守る農を生み出す民の力

大江正章

1　急増した新規就農希望者

日本では、農業の価値や意味が単位面積あたりの収穫量をいかに上げるかという狭い意味での生産性に偏重して語られてきた。しかし、最近になって、安全な食べ物を求める世論、自然と親しみたいという都市住民の欲求、二〇〇二年度から始まる総合的学習の時間における食農教育など、農業のもつさまざまなはたらき（めぐみ）が見直され出している。農水省も、農業の公益的・多面的機能を重視するようになった(1)。本章では、農業の公共的価値が発揮されるために自治体が果たす役割は何か、人びとはそれをどう支えていけるのかを考えてみたい。

3K（危険、汚い、きつい）のひとつであった農業をめぐる状況は、一九九〇年代後半から変わり始めた。新規就農を支援する仕事に携わる人たちは、口をそろえて言う。

「若い人に3Kのイメージはありません。見る目が変わってきました。土に触れながら、自分の食べるものは自分で作りたいという気持ちが強くなってきたと感じています」（全国農業会議所・新規就農ガイドセンターの砂田嘉彦調査役）

「職業選択としての農業への志向は、決して低くないでしょう」（茨城県東茨城郡内原町にある四年制の農業専門学校・鯉淵学園の中島紀一教授）

事実、三九歳以下の新規就農者がもっとも少なかったのは九〇年度の約四三〇〇人。以後ほぼ一貫して増え続け、九八年度には大台を越して約一・一万人となった。なかでも顕著なのは、農家後継者以外の新規参入者の増加だ。農水省の統計によると、九〇年度はたった六九人だったが、九五年度には二五一人、九九年度には四六〇人と、わずか九年間で六・七倍にもなったのである。

しかも、この数字がすべての新規参入者を表しているわけではない。たとえば、九二年度の農水省の統計では一二六人だが、全国農業会議所の新規就農ガイド事業による就農者数だけで一四一人と、それを上回っている。実際には、統計が把握していない新規参入者はもっと多いのだ。定年帰農ブームも記憶に新しい(2)。

もうひとつ、関係者に共通する見方がある。それは有機農業への強い志向だ。新規就農者のための就農準備校本部の話では、研修農家への派遣希望を聞くと、三〇％は有機農業に取り組む農家を希望するそうだ。自給的農業をめざす人に限れば、この比率はより高い。

こうした現象にバブル崩壊以降の不況の影響がないとは言えないが、地球環境の悪化、化学物質の氾濫、過剰な物質的豊かさ、アトピーの激増などが大きく反映しているだろう。いまや、農業は3Kではない。若者から定年退職者までが有機農業（Y）による帰農（K）を志向し、環境（K）を守ろうとする、Y2Kなのである。

市町村の農業委員会の全国組織である全国農業会議所に、いち早く新規就農ガイドセンターができたのは八七年。すでに遊休化が進んでいた農地を保全するために、農業に関心をもつ都市住民に着目したという。各都道府県にあるガイドセンターも含めた相談者数は、九〇年度までは一〇〇〇人に満たなかったが、九六年度から急速に増え、九八年度は八〇一一人と初年度の約一二倍に膨れ上がった。九九年度までで、総計四万人近くになる。

職業別の内訳は、サラリーマンが七割程度を占める。また、年齢別では、二〇代が約四〇%、三〇代が約三〇%で、九一年ごろから二〇代が増えたのが目立つ。そして、九八年度までの一二年間で少なくとも五八五人が就農し、七四一人が就農予定か研修中だ。

先にふれた鯉淵学園でも、九九年度の入校生の四三%が非農家出身。農家出身者の場合も、「親を見て、この仕事はいいなあと思う」選択的就農者だ。農業は、「長男だから仕方なく継ぐ義務」ではなく、「自ら選び取る仕事」になりつつある。そして、一〇年前は企業的経営への関心が強かったが、この二〜三年は生き方や暮らしとしての農を大切にする傾向に変わったと、中島教授は語る(3)。

こうした状況を受けて、あるいは先取りして、過疎地域を中心に受入れに積極的な市町村では、研修期間に一定額の助成をしたり、地元で一定期間就農すると貸付金の返済が免除されるなどの優遇措置を設けたりしている。たとえば、新潟県中魚沼郡津南町では、九五年に農業公社を設立し、月額一五万円の助成金を貸し付け、研修住宅を整備したほか、修了後は農地も斡旋している。一三人がすでに就農し、二〇〇〇年一〇月現在五人が研修中だ。その大半が県外出身者で、全員が非農家である。

ノー政と揶揄されるごとく有効な対応をしてこなかった日本の農業政策のなかで、新規就農促進事業の果たす役割は大きいといってよいだろう。(4) とはいえ、優遇措置があるだけで都会から人が来るわけではない。すでに農業を始めた先輩新規参入者や地元の農業者グループ、ＪＡ（農協）など公的施策を支える民の存在があってこそ、スムーズな参入と定着が成功する。(5)

2　移住者を広げ、支える仕組みづくり

実態をともなった支援体制

手作りの有機農業にこだわるカップル、乳牛五〇頭を飼う酪農家、町特産のリンドウを栽培する花農家。いずれも、岩手県和賀郡湯田町に九三〜九五年に移り住んできた、いわば新農業人だ。いまでは、すっかり地域に根ざして暮らしている。このほか、町の豊かな自然を愛して住み出した人たちもいる。最近も、移住に関する相談が多いという。

「九五～九九年の四年間で、約三〇人が問い合わせてきました。その半分は真剣に農業したいと考えている人です」（湯田町役場企画情報課・菊池輝昌さん）

湯田町は県内有数の豪雪地帯で、少ない年でも二mは積もる。有機農業の先進地帯として有名なわけではない。全国新規就農ガイドセンターが出している「新規就農受け入れ支援情報」を見ても、支援措置は載っていない。町独自で新規就農の支援資金を出してもいない。温泉にこそ恵まれてはいるものの、人口約四二〇〇人のごく普通の町に、なぜ新たに農業を始めたい人（新農業人）が集まってくるのだろうか。湯田町には実は、金銭面では測れない、実質的な支援体制がある。

まず、町役場にも農協（隣の沢内村と合わせて二町村がエリアの西和賀農協）にも、移住者のために熱心に動く職員（人材）がいる。九三年に移住し、五〇aの田んぼと一〇aの畑で米と大豆が中心の無農薬有機農業を行うカップルは、こう語る。

「役場で広報を担当する方が、私たちの最初の住宅と仕事の面倒を見てくれました。彼は『こっちに来たいのであれば、とにかく世話してあげよう』という人でした。そして、いま住んでいる家を見つけてくれたのは、農協で有機農業研究会をリードする人です」

彼らは担当の仕事範囲を超えて、ときには時間外にも、新農業人が定着できるように努力した。いわば、公務員市民として、地域を担う企業市民として、バックアップしたのである。

ただし、行政の常として、担当者は頻繁に変わる。「以前はよかったけれど……」という声を聞くケースが多い。重要なのは、情報を共有化し、個人の熱心さをシステムにまで築き上げることだ。その点で、次の二つが湯田町の施策のポイントだろう。

一つは、企画情報課が産業観光課に働きかけて行った、遊休農地の台帳化。転作調査などのときに、農家が農地を貸したり売ったりする意向があるかどうかを調査したのである。今後は空き家についても同様の調査を行い、データベース化する予定だという。就農しやすさの面でも、技術を身につける期間の住まい確保の面でも、この施策の意味は大きい。

もう一つ注目されるのが、「新田舎暮らし」推進委員会の活動。湯田町と沢内村両役場の企画部門が事務局になって、組織横断的に一〇人で構成され、中心は三〇代前半だ。移住者のために行政は何ができるか、西和賀地方にいかに興味をもってもらうか、支援とPRの方法を考えるために九七年につくられた。地元との交流を深めようと、これまでに三回のシンポジウムを開いている。といっても、都会から偉い先生を呼んで来るわけではない。移住者が経験を話すのだ。

「行政が旗を振るだけでは、うまくいきません。お互いに何を考えているかを理解し、それを新しく来たいという人にも知ってほしい。だから、役場に移住を相談してきた人にも案内を出しました。まだ納得いくほどではないけれど、認知はされてきたと思います」（菊池さん）

自治体にせよ、農協にせよ、最近は合併が錦の御旗である。しかし、合併して対象とする範囲が広がれば、独自のきめ細かい施策は行いにくくなる。必要な施策に関して小規模町村が協力して取り組むという点でも、こうした活動は評価できるだろう。そして、人を活かす仕組みが組織と地域に根付いたとき、新しい人を呼ぶ大きな力になる。

農協の先進的活動と新たなしかけ

湯田町はかつて鉱業が盛んで、東北地方有数の銅山があり、最盛期の六〇年前後には、人口は一万三〇〇〇人近くに達していた。古くからオープンな気風があったと、みんなが口をそろえる。ある職員の言葉を借りれば、「田舎だけれども、よその人を受け入れる雰囲気があり、閉鎖的な感じが薄い」。それが移住者たちにとっての住みやすさにつながっているのは、間違いない。

だが、見逃せないのは、西和賀農協の産直や有機農業に対する長年の取組みだ。七三年に、湯田牛乳公社による牛乳の盛岡市民生協（現いわて生協）への産直から始まり、七六年にはホウレンソウを中心とした野菜に広がった。そして、七九年には西和賀農協有機農業研究会が設立されている。当時はまだ有機農業がまったく市民権を得ていない時期である。なかでも、農協内に有機農業研究会ができたというのは、きわめて珍しい。その背景には、全国に先駆けて高齢者医療を無料化するなど「福祉と医療の村」として名高い沢内村の、いのちを大切にする政策の影響が見てとれる。

湯田牛乳公社が製造・販売しているのは、八〇度一五分の中温殺菌牛乳がメインだ。八七年からは六三度三〇分の低温殺菌牛乳も始め、その味には定評がある。さらに、九三年には県内全域でビンによる供給を開始した。飼料も、トウモロコシについては非遺伝子組み換え・ポストハーベストフリー（収穫後に農薬を使わない）に切り換えている。その生乳を供給する主力酪農家は秋田県出身で、移住者の先輩だ。また、有機農業研究会（約七〇人）では、土づくりの勉強会、先進地域の現地見学会などを活発に行っている。その担当の真嶋実さんは北海道出身で、岩手大学農学部で学ぶうち、この地域の活動に魅かれて農協に入ったそうだ。

「いまも、畜産農家の糞尿は野菜農家の堆肥に回っています。今後、地域複合農業をより進め、いのちを守る農業を継いでいきたいですね」

新農業人たちが「町の行政や農協にやる気ある人がいて、彼らが働いていけるところです」と語るように、湯田町には元気なメンバーが多い。その一人ひとりが、新たな施策の実現へ着実に向かいつつある。たとえば、菊池さんはモデル事業を考えている。

「『新田舎暮らし』推進委員会で交渉して、農地や空き家を借りるんです。自分たちで実際にやっていると、移住者のニーズが見えてくるのではないでしょうか。委員会には新規就農者の先輩たちにも入ってもらい、行政の勉強会から参加者の幅を広げていきたい。それと、個人的には、うちの田畑の一部を新しくやりたいという人に貸してもいいと思ってます」

一方、真嶋さんは九九年から、農協と生協を事務局にして、ポラン農業小学校を始めた。盛岡市などから訪れた四〇人が、田植え、そば打ち、味噌作りなどに挑戦し、一人の脱落者もなく泥んこになってやったそうだ。こうした民の側の活発な活動が、地域をより開かれたものにしていくだろう。(6)

農村への応援団をつくる活動、応える移住者

山形県東置賜《おきたま》郡高畠《たかはた》町。有機農業が盛んなことで有名な「奥羽の山なみにいだかれた天恵の自然風土をもつ、まほろばの里」(町民憲章)に、自給的生活をめざす人たちが都会から続々と移住してい

る（まほろばとは、すぐれたよいところという意味）。その数は、九三年からの五年間で四十数人。およそ六割が女性で、定年を数年残して退職したサラリーマン夫婦や、五〇代を目前に単身で移住してきた女性もいる。有名商社の子会社の社長、映像関係など、以前の職業はさまざまだ。町の人口も、九五年の二万六九六四人から二〇〇〇年の二万七二二四人へと、若干ではあるが増えた。

よそ者を拒まず、うまく受け入れる土壌の形成は、七三年以来の高畠町有機農業研究会、その後にできた地域おこしをめざす自前の学習集団・たかはた共生塾、まほろばの里農学校、そして、それらのリーダーである星寛治さんの存在ぬきには語れない。有機農業研究会は、米、ブドウ・リンゴ、野菜、さらには卵、牛肉と、全国のおよそ一〇〇にものぼる消費者グループや価値観を共有する流通事業体との提携関係を深めてきた。生産者が点（個人）として有機農業に取り組むのにとどまらず、面としてこれだけ広がっている地域は、数少ない(7)。消費者たちは、援農の一環として田植え、草取り、稲刈りなどの作業に頻繁に参加し、都市と農村の交流が盛んである。

しかし、共生塾のメンバーたちは、それだけでは満足しなかった。新しい地域づくりのためには都市と農村を結ぶ必要がある、農村への応援団を自分たちの手でより多く生み出そうと、まほろばの里農学校を開くことにした。星さんは、言う。

「有機農産物を届けるだけでなく、心を届けたかった。農村の真の豊かさを知ってほしいと思いました。それは、これまでの有機農業運動を一歩、乗り越えるものです」

農学校の六泊七日（九七年からは五泊六日）のスケジュールは、合同での農業実習、各農家にファームステイしての農作業など、けっこうハードだが、じっくり高畠の農業と人にふれることができる。参加者の約一割が移住したというから、魅力のほどがうかがい知れる。その背景には、高校の教員や町役場の職員として働きつつ自給的農業をしている男女の先輩たちの存在が大きくある。(8)

移住者が増えてきたために、最近では借家を見つけることはそれほどたやすくない。それでも、星さんたちは共生塾のネットワークで情報を聞きつけて仲介する。高畠町農業委員会の渡部栄・事務局長は、「以前から都会の人が来ていたので、よそ者が珍しくない。そして、地域で信頼感があるから貸してくれるんだね」と言う。

星さんたちが、こうした「新まほろば人」に勧めていることがある。それは、いきなり農業で食べていこうとせずに、仕事は別にもち、それぞれの力量に合わせて自給的な暮らしの領域を広げていくようにするということだ。町役場に勤めたり、米沢市の学校に教えに行ったりするほか、以前の仕事を続けながら大阪と高畠を往復する人もいる。こうした新しい生活スタイルを積極的に認める雰囲気が、高畠にはあるようだ。

「農作業から生活まで、本当によく面倒を見てくれるけど、上手にほっといてくれるところなんです。けっして過干渉にはなりません」(ある移住者)

「高畠には多様な生活スタイルを可能にしている柔軟性があります。ふつうの農村のようにそれをはじき出さないのは、二五年間を超える都市の消費者との交流の成果です。各地の農村にとって、柔構造の地域社会へ脱皮できるかが、今後のカギでしょう」(星さん)

新まほろば人を側面から応援する行政

提携や産直による交流が活発な地域でも、行政との関係は薄いケースが多い。高畠でも当初は、有機農業は町当局から異端視され、冷やかに見られていたようだ。しかし、運動の積み重ねは着実に地域へ広がり、行政も無視できなくなる。

九七年三月には、町役場農林課を事務局として「高畠町有機農業推進協議会」が発足。さらに、九月に町議会を通過した「新高畠町基本構想」では、「地域自給の向上を軸にしながら有機農業の実践」をめざすことが謳われた。有機農業が町の基本政策として位置付けられたのである。新規就農者の定住を支援する補助金も定められた。

「新しい人がこれだけ来るのは特筆すべきことです。地元の人間が手放して荒廃しつつある小規模な農地を喜んで耕し、守ってくれるのですから。それに、年齢を問わず地域にとけこんでくれれば、活性化になります」(渡部・農業委員会事務局長)

ある集落では、一三軒のうち四軒が町外出身者だ。その一人が始めた舞茸栽培とオーナー制度は地元を巻き込んで広がり、町主催の収穫ツアーも行われるようになった。ただし、行政は、あくまで側面からのバックアップ役として自己規定しているようだ。

「地域主導でやってもらうほうがいいでしょう。たとえば、共生塾の講演会などを共催していきます」(農林課長)

高畠町有機農業研究会の長年の活動は都会に広く知られているだけでなく、地元にも定着している。加えて、約三五〇戸の農家を組織し、牛の尿を土着の土壌菌を活かした技術で生物活性水に変えて堆肥の製造に利用し、有畜複合農業を実践する、米沢郷牧場のような農業法人もある。(9) つまり、民の側に環境を守る(よく考えてみれば日本に伝統的な)農業の受け皿がいくつもあるわけだ。こうした条件が存在する場合には、自治体は、いわば民を支える公共として、側面から応援するのがふさわしい。

同時に、移住者たちが血縁関係を超え、農を愛する人間として、地域と環境を守る農業の後継者となっていけば、日本の農村にとって画期的なスタイルの職業の継承・代変わりが起きていくだろう。

3　都市の公共性を創る農

土に触れたい、収穫の喜びを味わいたい、子どもに農業体験をさせたいという声は年々、強まっている。たとえば、二〇〇〇年九月に農林中央金庫が首都圏のビジネスマン四〇〇人に行った「緑の環境についての意識と対応調査」では、四六%が「農作業などの体験旅行に参加したい」と答え、「子どもに参加させたい」との回答は七三%にも及んでいる。(10)

こうした都市住民のニーズを受け、市民農園は九〇年代後半になって急増した。九三年には全国で六九一カ所だったのが、九九年には六一三八カ所に達し、六年間で約九倍になっている(農水省調べ)。うち七七%が都市部に位置する。九九年には、そのひとつが『農業白書』にも登場した。

「東京都練馬区の『O体験塾』では、市民農園（体験農園）を開設し、農作業を通した地域住民との交流を行っている(11)」

O体験塾とは、練馬区にある「大泉 風の学校」（九七年開校、四〇a）だ。「塾長」は、地元の農業者・白石好孝さん。一・四haの畑にキャベツ・ホウレンソウ・小松菜などたくさんの種類の野菜を低農薬で作ってきた。市場出荷は三割程度で、農協の直売所や庭先販売を重視している。白石さんがこの市民農園を考えたきっかけは、九一年の生産緑地法改正だった。

「バブル全盛の八〇年代後半、都市農業不要論の嵐が吹き荒れ、生産緑地とするには三〇年の営農が義務付けられたんです。都市に農業はいらないという流れに対抗するには、地域住民と共に生きる農業をして、理解を広げるしかないと思いました」

ちょうどそのころ、仲間の加藤義松さんが「都市住民に畑を提供し、自分たちが培ってきた技術を提供して野菜作りを教えて、代金をいただくというのはどうだろう」と提案。二人は趣旨をまとめて練馬区に要望書を出し、「世の中にインパクトを与える政策提案にしよう」（白石さん）と、区の担当者と話合いを進めていった。そして、まず九六年に、加藤さんの「緑と農の体験塾」ができた(12)。

この体験農園は、一般の市民農園と違い、単なる貸農園ではない。生産者は植付け、土寄せ、わき芽つみ、収穫などの作業をていねいに説明・指導し、農具・苗・肥料などを用意する。利用者は一組三〇m²につき一年間に二万九〇〇〇円（指導料を含む入園料が一万七〇〇〇円、収穫物の代金が一万二〇〇〇円）を支払い、行政は施設整備費の三分の二と、運営費として一組あたり一万二〇〇〇円を補助する。

練馬区では毎年、一カ所ずつ体験農園を増やしていく方針で、二〇〇三年四月現在、八カ所に九〇一区画がある。利用者は農家と入園利用契約を結ぶ。契約は一年間だが、五年まで更新できる。農に親しみたいが、作物の育て方がわからない都市住民には大好評で、練馬区の担当者によれば、「引越しでやむをえず辞退する人が五％いるぐらいで、既存区画の新規募集の倍率は一〇倍前後です」。新規開設の場合も二倍になるという。都市住民が緑と農を渇望していることがよくわかる。

生産者にとっても、一〇aで約一〇〇万円の粗収入が見込めるのだから、農業経営としても十分に成り立つと言ってよい。白石さんの畑では、一流バンドが出演してのジャズセッションやフォークコンサートも開かれ、都市農家と周辺住民の格好の交流の場となっている。

一般の市民農園は、一区画一五㎡程度と狭く、利用期間は一年の場合が多い。利用料は無料か低額だが、生産者の指導はないし、利用者同士が交流できるクラブハウスもない。これに対して体験農園の場合は、生産者（民）が土地を提供し、自治体が適確な補助を行って、都市の環境を守り、住民に憩いや作物を育て親しむ喜びを与え、子どもたちへの教育の場も提供する。そして、それを農業経営の一環に位置付けることによって、都市農家が経営体として生き残りつつ、公共的価値を創り出していくのである。こうした生産緑地での体験農園は、東京都調布市、神奈川県相模原市、大阪府堺市などにもつくられており、今後も広がっていくだろう。

もちろん、都市における農の価値は、それだけにとどまらない。新鮮でおいしい野菜の供給、水田の洪水防止、地震など災害時の避難地や火災の延焼防止、ヒートアイランドの緩和など多くのはたらきがあることは、すでに指摘されているとおりである。

4　環境を守る農を広げるために

有機農業の意義が理解されるようになってきたとはいえ、実際に無農薬・無化学肥料栽培を行っている農家数は全体の〇・五％程度にすぎないと推定されている[13]。単位面積あたりの日本の農薬・化学肥料の使用量は、諸外国と比べると群を抜いて多い。すべての農業が二一世紀にもっとも重要となる「環境を守るという公共性」を創り出すわけではない。さらに、市場の競争に任せておくだけでは、有機農業は発展できない。「有機農業の公共的価値項目を整理し……社会的支援策の構築も目指すべき[14]」なのである。そうした社会的支援策として、次の二つが不可欠だろう。

第一に、適確な補助政策である[15]。よく農業補助金は、ムダの象徴として取り上げられる。現状において、それは否定できない。だが、問題なのは、その大半が地域の建設業者を潤すような土木工事に回されていたり、たいして必要ではない事業の受け皿に農協や土地改良区がなっていたりすることであって、すべての補助金や支援策が無意味なわけではない。少額の予算で有効な施策を行っている自治体もある。

たとえば、福井市は二〇〇〇年度から、無農薬栽培による収量減や労働時間の超過に対する直接補償制度（予算八〇万円）を始めた。米の場合は、一〇aあたり五〇〇〇円の助成金になる。七戸の農家が申請し、無農薬・無化学肥料の栽培面積は四二％増えた。二〇〇一年度には、一二〜一三戸に増える見通しだという（農政企画課）。

また、現在のところ本格的に有機農業を教える学校や塾は、茨城県の水戸農業高校や栃木県の帰農志塾など数少ない。有機農業者が研修生という形で個人的に育てているケースが大半である。こうした公共的価値を支える民に対して、自治体行政の支援があってよい。たとえば、山梨県甲府市には、ウイークエンド農業体験事業がある。これは、いずれ農業で生計をたてたいという人を対象に、市内の先進農家で週末に研修する制度だ。定員は年五人で、受入れ農家には五万円の謝礼金が支払われる。東京から通って経験を積み、ブドウ栽培を始めた人がいるという。

第二に、税制による誘導である。与党の税制協議会は二〇〇一年度から低公害車の自動車税を半額にするなどの「グリーン税制」の導入に合意し、中央環境審議会は環境税の早期導入の政策モデルを示した報告をまとめた（二〇〇〇年一二月）。これにならうならば、農薬に対する重い課税（毒物等物品税）を取り入れるべきである。毒性と総使用量に応じて額を決めればよい。

同時に、さまざまな民による小さな取組みの積み重ねが大切なことは言うまでもない[16]。筆者は約二〇人の仲間と茨城県新治《にいはり》郡八郷《やさと》町の三六aの田んぼで、完全無農薬で米を作っている。週末だけ通いで農業をする、いわば〝第三種兼業農民[17]〟なのだ。この田んぼには、これから有機農業で生きていこうとする学生や若者も訪れ、米作りの入り口を体験している。こうした場の提供もまた、公共を支える民の小さな実践の一つと言えるだろう。

（1）宇根豊は「人間の関わりの見えない『機能』という言葉ではなく、人間がかかわった『めぐみ』と表現したい」（宇根豊『「田んぼの学校」入学編』農山漁村文化協会、二〇〇〇年、一〇ページ）と述べており、筆者もそれに共感する。

（2）九八年二月に発行された『現代農業』の増刊『定年帰農』（農山漁村文化協会）は増刷を重ね、こうした出版物としては異例の八万部という販売部数に達した。

（3）激増する新規就農者の状況や鯉淵学園、各自治体の取組みについては、大江正章「Ｗｅｌｃｏｍｅ！農業人1〜7」『晨』二〇〇〇年六月〜一二月号、参照。

（4）ただし、新規就農ガイドセンターが行ったアンケートによれば、一年目に農業で生活できるようになった人は三分の一にすぎない。生活資金を最低二年分は用意しておく必要がありそうだ。

（5）帰農の動きをさらに広げるためには、「農業をやりたい」人が「有効に利用されていない」農地を手に入れやすくする必要がある。農地法は第三条2項で、農地を新たに取得する場合の最低面積を五〇ａ（北海道は二ha）と定めている。この規定は現在、施設園芸に関しては緩和されているが、自給的農業の場合も緩和するべきである。

（6）湯田町と西和賀農協の取組みについて詳しくは、大江正章「Ｗｅｌｃｏｍｅ！農業人2」『晨』二〇〇〇年七月号、参照。

（7）ほかに、埼玉県比企郡小川町、島根県大原郡木次《きすき》町、千葉県安房郡三芳村などがある。

（8）高畠町の農業全般について詳しくは、星寛治『農業新時代』ダイヤモンド社、一九九四年、参照。また、高畠町の新農民に関しては、大江正章「めざすは自給的生活　都会人が次々移住してくる町」前掲（2）参照。なお、役職は取材当時のものである。
（9）星寛治「風土に根ざす小農自立の道」日本有機農業研究会編『有機農業ハンドブック』農山漁村文化協会、一九九九年、参照。
（10）『日本農業新聞』二〇〇〇年九月二四日。
（11）『図説農業白書（平成10年度版）』農林統計協会、一九九九年、三三〇ページ。ただし、数字が一部まちがっている。
（12）大江正章「とうきょうを耕せ！」『農』一九九九年八月号、参照。
（13）足立恭一郎「オーガニック・バブルの時代」『食の科学』一九九八年四月号。
（14）中島紀一「有機農業振興に関する政策的論点」『日本有機農業学会報告』二〇〇〇年一二月。
（15）西ヨーロッパの直接支払制度はよく知られているが、韓国でも九九年度から「親環境農業直接支払制」が実施され、一農家につき一haあたり約五万円が支給されているという（足立恭一郎「日本の有機食品市場をめぐる周辺諸国の政策動向」『日本有機農業学会報告』二〇〇〇年一二月）。
（16）宇根豊によれば、「すぐに……実現するしくみ（経済）や政治（補助金）を構想しようとするから、現実の前で無力感に陥る……。しくみより前に、まなざしを変える方が先」である（『遠い仕事　知らない生産　農と自然の研究所ニュースレターNo.2』）。重要で的を射た指摘である。
（17）年間一〇日以上、自給的農業に従事し、日本の安全な農業を守り広げる意思をもつ者を指す。

エピローグ　公共を支える民——地域政治復権のために

寄本勝美

1　官民から市民、企業、行政へ

「公私の役割分担」とか「官民協力」という表現は以前からなされてきたが、最近ではこの「私」や「民」を市民と企業に二分し、それに行政を加えて、「市民、企業、行政の協力」という言い方が増えてきた。この背景には、それなりの理由があるように思われる。

第一に、企業による社会的貢献への関心が高まるにつれて、企業と市民とを分けて表現したほうが、企業の社会的な責任ないしは貢献をはっきりさせるうえで適当である。

第二に、かつて市民（住民）運動や消費者運動においては、企業は運動の対象であるか、対決すべき相手であって、協力するためのパートナーではないとする傾向が強かった。公害や環境破壊が深刻であった高度成長期にはとりわけそうであり、多くの自治体にとっても、企業は行政による監視や規制の対象ではあっても、協力のパートナーとして表現する向きには乏しかった。公害や環境破壊などの問題がなくならないかぎり、こうした傾向もなくなるわけではないだろう。けれども、一方では企業による公害対策や環境問題への対応が進み、他方では既述のように企業による社会的貢献への関心が強まるにつれて、市民運動や消費者運動の間でも、企業と協力・連携していく方向へと路線の修正が見られてきた。

第三に、これはむしろこれからの問題だが、「私」や「民」には市民と企業のみならず、ＮＰＯ（非営利団体）やＮＧＯ（非政府機構）がある。それらは活動の目的、規模、組織などの面でさまざまであるものの、公共を担う事業主体としてますますその活動が期待されている。だとすれば、同じ「民」のなかにあっても、企業の役割は至極当然ながら、市民や市民団体のみならず、ＮＰＯやＮＧＯのそれとは区別して考えなければならない。

２　企業による社会的貢献の高まり

ところで、企業と市民や行政との協力の必要は、他ならぬ企業サイドからも提起されてきた。一九九一年に発表された「経団連地球環境憲章」によると、「環境問題の解決に真剣に取り組むことは、企業が社会からの信頼と共感を得、消費者や社会との新たな共生関係を築くことを意味」し、このような認識にもとづき企業は「行政、消費者はじめ社会各層との対話と相互理解・協力の下で行動をとること」が必要であるとされている。こうしたもとで、最近では「企業市民」という新しい造語が登場しており、自治体の計画においてすら散見されるようになった。

たとえば、九三年にまとめられた川崎市総合計画『川崎新時代二〇一〇プラン』を見てみよう。この総合計画は、市長によると「地球市民の時代における人間都市の新たな創造」(三ページ)をめざすものである。そして、企業を市民の一員として位置付け、それを「企業市民」と表現したうえで、次のように述べている。

「企業は大きな社会的影響力を持っています。これからの企業には、単に利益を追求するだけでなく、広く社会や地域に対して責任ある行動を取るとともに、豊かで質の高い地域社会の実現に向けて社会貢献を果たすことが求められています」(一一四ページ)

こうして、企業は「市民共同のまちづくり」への参加が期待されている。具体的には、その一つに「企業貢献を活かしたまちづくりの推進」が考えられるという。すなわち、「開発行為等に伴う事業者協力による特色あるまちづくりの促進、事業所緑化や商店街単位のリサイクル事業の促進による地域環境の改善、文化施設の整備や企業施設の開放による地域の文化・学習・レクリエーション機能の強化をはじめ、福祉、保健、教育等様々な分野で、企業市民による社会貢献を活用したまちづくりを進めます」(一一五ページ)というのである。

同じ川崎市では、八三年に総合計画『二〇〇一かわさきプラン』を策定している。そこでは、企業ないし事業所の公共的役割や社会的貢献を謳う表現は、まったくといっていいほどされていない。この旧総合計画は、副題で「市民の手によるふれあいと創造のまちづくり」と銘打ってはいる。しかし、全国でも名だたる産業都市・川崎にあって、このときまだ企業は市民の一員とはみなされていなかった。

それでは、企業をして他の民間団体と決定的に異なるものにしているのは何であろうか。それは、言うまでもなく企業の活動は、営利（利潤の獲得）を主たる目的にしているか、少なくともそれを抜きにしては成り立たないという点にある。それゆえ、ここに至って新たに、こうした営利事業体としての企業にとって企業市民とか社会的貢献とは何なのか、役割相乗型の公共政策をどのように担うことができるのか、などの問題が問われるだろう。この点に関して、以下に私見を列挙してみよう。

① 企業市民としての社会的貢献は、まず何よりも当の企業本来の活動をとおして行われるべきものである。その一例を製造業でいえば、企業としては、ミニマムの社会的責務である法令の遵守にはじまって、製造過程や製品そのものに関して省資源、省エネルギー、廃棄物の処理、環境管理、さらにはリサイクルなどの面で、自主的・積極的な努力を一段と強めることが期待される。その際、消費者（市民）や行政との協力が必要な課題に関しては、まさに役割相乗型の公共政策を積極的に提示していくことが望まれる。たとえば、発泡スチロール製のトレイについて、関連業界も提案者の一員となり、企業、消費者、それに行政が役割を分担して回収・再利用する動き

が芽生えている。これは、そのよい事例の一つである。

こうして、企業本来の活動も、これからは資源循環型社会システムの構築をしていくための公共政策を担う一翼として位置付けられ、それによって規定されなければならないはずである。

② このような、企業にとっては本来的な活動の一環として位置付けられるもののほかに、企業は、自らもまた社会の一員としての認識にもとづきながら、福祉、芸術・文化、研究、教育、スポーツ、自然と環境、まちづくり、途上国への支援などの分野において、何らかの寄与を自主的・積極的に行っていくことが期待される。企業施設の地域への開放は、その好例である。

③ こうした期待に企業が応えられるための条件を、企業の内外において築いていくことである。まず、企業内の条件については、経営の方針決定や、管理、監査、経営の内部評価、従業員参加、消費者参加、業界団体によるリーダーシップ、あるいは地域社会とのつながりなどをめぐる課題がある。次に、外部の条件については、行政による公的規制や誘導、奨励、支援などを含めた法と政策上の課題がある。また、消費者意識、企業や経営に対する評価、およびさまざまな公共問題に対する参加と協力などをめぐる課題がある。

3　ガバナンスの担い手としての民と参加

最近、公私の協力関係のあり方とともに、ローカル・ガバナンスへの注目も高まっている。ローカル・ガバナンスとは、それぞれの都市ないし自治体を単位にして、そこで行政を行う地方政府や公的機関のみならず、民間のNGOやNPOといった非営利団体、企業や業界、それに個々の市民などの関連活動主体が、問題ごとに担う役割や活動の諸機関のことである。

こうして、ガバナンスという表現には、ガバメントとは異なって政府部門のみならず民間部門による公共問題・社会問題への対応が含まれており、かつ、民間部門の公共的な活動や機能への期待が込められている。そして、既述のように、日本でも市民、企業、および行政のパートナーシップや協力の重要性がとみに指摘されている。ガバメントからガバナンスへの発展を都市についてみると、都市ガバナンスとは、それぞれの都市において、官民の協力やパートナーシップの仕組みと活動の体系を具体的に築いていくうえでの自治の能力を指すものと理解してよいだろう。

その点の好例として、家庭ごみ収集の料金制を見よう。高度成長のころ多くの市町村では無料化が図られ、住民への行政サービスの典型的な施策とみなされてきた。しかし、考えてみると、この無料制で一番得をしてきたのは住民ではない。物をつくったり売ったりしている事業者の側である。なぜなら、使い捨ての製品であっても、いったん消費者の手にわたり、家庭系のごみになったものについては法律上、市町村の処理責任とされてきたからである。こうした矛盾をなくすために、最近では有料制に切り換え、事業者と消費者にごみ減量やリサイクルを求めるうえで多大な効果を上げ始めている自治体がある。さらには、こうした料金制による収入の一部を基金にして、環境改善やリサイクル事業に導入することにしている自治体もある。

このような行政サービスと負担の見直しは、ごみ問題や環境問題に自治体が取り組んでいくうえでのガバナンスが問われていると言えよう。

ガバナンスがこのようにとらえられるとすると、改めて注目しなければならないのが、市民参加である。というのは、ガバナンスの仕組みをつくって活動するのは、それぞれの自治体であり、決してそれは外部から与えられたり押しつけられたりするものではないからである。そして、都市ガバナンスは当の都市自治体の自治ないし自己統治そのものの問題であり、それゆえ市民の参加を抜きにしては考えられないからである。

まず、市民は、自分と自治体の間において、何らの媒体をも介在させることなく直接的に選挙権などの権利を行使したり、その他の法的な参加の手段を用いたりできる。また、市民は、自治体が自主的に設けているさまざまな参加の仕組みも活用できる。一方、市民参加は、実はこのような個人としての直接参加だけに限られているわけではない。それらに加えて市民は、自分の属している、あるいはかかわっている団体をとおして、自治体の自治に参加している。こうした団体には、いわゆる町内会・自治会といった地縁的な住民組織から、福祉関連のボランティア・グループや環境保護団体などの機能団体まで、さまざまなものがある。

ところで、日本では市民参加というと、普通は行政への市民の参加を指している。それはそれでよいのだが、都市ガバナンスを発展させるには、民間の活動への市民参加、こうした意味での「民による民への参加＝民民関係」にも、もっと注目しなければならないだろう。

このうち後者については、民間企業の活動の公共性に注目すれば、市民（消費者）は、企業の活動方針の決定や日々の活動において、もっと参加する仕組みや機会をもってよいはずである。そのため企業は、消費者との話合いなど消費者参加を導入する試みをしてよいはずである。ところが、これまでの企業と消費者との関係は、ほとんど市場の作用をとおしてだけに限られてきた。

ともあれ、すでに言及してきたように、企業は最近〝企業市民〟を標榜し始めている。社会に貢献する企業、地域社会の一員としての企業たらん、というわけである。しかし、企業が真にそう願うのであれば、企業の情報公開、企業関係者と市民との対話など、企業の経営や活動への市民（消費者）参加の機会をつくり出さなければならないはずである。いずれにしても、都市ガバナンスを支えるにふさわしい民民関係を築いていくことが望まれる。

4　地方分権の推進と自治体行政

さて、本書でもたびたびふれてきたとおり九九年七月、地方分権一括法が可決成立し、明治維新と戦後改革につぐ〝第三の改革〟が行われることになった。というのも、長年の懸案事項であった機関委任事務が廃止され、自治事務と法定受託事務に置き換えられたからである。また、国による自治体への関与も、かなりの制限を受けることになった。

こうして、自治体は地方政府（ローカル・ガバメント）としての条件をいままよりも整えることになったが、そうであるだけにここで注目したいのは、自治体行政の民主性についてである。
自治体は公権力の主体だが、今回の自治権強化で公権力の主体性はさらに強まった。少し大げさな言い方をすれば、地方分権は公権力の自治体への集中を意味する。それは私たちの望むところだが、この権力主体は、つねに地域や住民にとってよりよき政策や行政を約束するとは限らない。自治体が自然破壊をもたらす事業を簡単に許可したり、自らそうした事業者になったりするケースすらある。このような場合、環境庁の許認可権が自治体による環境破壊行為を食い止めたケースが見られた。住民からすれば、公権力を自治体と国との間に適度に分けておくほうがよいと思われる問題もないではないのである。

このような公権力主体としての自治体をめぐる問題に対処するには、地方政府に対する住民の参加と統制の仕組みを拡充し、その民主化を一層促進すること、換言すれば〝By the people〟をより実効あるものにすることが不可欠である。

それとともに、私たちの関心をよぶのが、本書第3章で詳しくふれた地方議会である。分権化された自治体が民主的な地方政府としていかに住民の期待に応えられるかは、地方議会の役割や活動に依存するところが非常に大きい。従来の地方議会をめぐる評価はどちらかといえば低く、またその機能をあまり評価しない傾向が見られた。しかし、これから自治体行政に占める議会の活動が従来にも増して大きくなるにつれて、その役割を積極的に評価し、活動の活性化に寄与するような取組みが望まれよう。ここにも、ガバナンスの発展への課題が見出される。

あとがき

私が早稲田大学で地方自治のゼミをもって、はや三一年にもなる。巣立った学生の数は五〇〇人を超えていよう。くわえて大学院のほうも、私が指導教授となった院生は数十人にのぼっている。これら教え子たちの卒業後の進路や活動分野はバラエティに富んでいるが、地方自治関連の領域で活躍している者も少なくない。大学の教員、自治体や国の公務員、ジャーナリスト、編集者などである。

大江正章君も、その一人である。彼は学部でゼミの第七期生だった。幹事役の彼は、正義感にあふれた議論と友だち思いの性格で、ゼミを大いに盛りたててくれたものである。卒業と同時に学陽書房に就職し、次いで九六年に出版社コモンズを創設。自然や環境、農林業、そして市民活動、地域や地方に目を向けた出版活動に努めてきた。

ところで、大江君が学陽書房にいる間に、私は彼の協力を得て一冊の本を刊行することができた。『自治の現場と「参加」——住民協働の地方自治』が、それである。私の代表作の一つを大江君との〝共同作品〟として世に問うことができて、本当にうれしく思っている。その後、彼がコモンズをつくったので、いつかはまた本を出してもらおうと願っていたところ、彼のほうから出版の計画が持ち込まれた。その内容は、地方自治関連の教え子が何人か集まって勉強会を行い、その成果をまとめるというものであった。いかにも本を大切につくる大江君ならではの発想で、私は改めて感心したものだ。

勉強会は、九九年一月からほぼ月一回早稲田大学に集まり、それぞれが執筆予定の論文の内容を発表し、互いに議論しあう形で続けられた。基本テーマは、本書のタイトルとなった「公共を支える民」である。現代社会はさまざまな公共の問題に関して、行政のみならず二つの民、すなわち市民(市民団体)や企業も積極的に役割を担うこと、さらにこれらの役割の相乗効果をできるかぎり高めることを求めている。「公共を支える民」という表現は、実は私が自分の次の単著のテーマとして温めていたものだが、教え子たちといっしょに出すこの本のテーマになり、こんなにうれしいことはない。

ところで、私は最近、還暦を迎えた。本書はその記念として教え子たちが密かに企画してくれたものかもしれず、彼らに心から感謝したい。

二〇〇一年一月

寄本　勝美

佐藤 学(さとう・まなぶ)
1958年、東京都生まれ。ピッツバーグ大学政治学部大学院博士課程中途退学。
現在 沖縄国際大学法学部教授。専攻 アメリカ自治研究。
主著『米国議会の対日立法活動』(コモンズ、2004年)
主論文「米国民は何を選ぼうとしているのか」(『世界』2008年4月号)。

山本耕平(やまもと・こうへい)

1955年、兵庫県生まれ。早稲田大学政治経済学部政治学科卒業。

現在 ダイナックス都市環境研究所代表取締役、山梨大学工学部非常勤講師。専門 ごみ問題、環境問題。

主著『まちづくりにはトイレが大事』(北斗出版、1996年)、『クイズごみとリサイクル』(合同出版、1997年)。

共著『ごみ読本』(中央法規出版、1998年、編集代表)など。

瀧井宏臣(たきい・ひろおみ)
1958年、東京都生まれ。早稲田大学政治経済学部政治学科卒業。
現在 ルポライター。文明と人間をテーマに記録活動と社会活動を続ける。
主著『パパがママになっちゃった』(ポプラ社、2002年)、『食卓に毒菜がやってきた』(コモンズ、2002年)、『こどもたちのライフハザード』(岩波書店、2004年)。

麦倉 哲(むぎくら・てつ)

1955年、群馬県生まれ。早稲田大学大学院文学研究科社会学専攻博士課程満期退学。

現在 東京女学館大学准教授、早稲田大学講師。専攻 社会学、都市問題、福祉のまちづくり。

主著『ホームレス自立支援システムの研究』(第一書林、2006年)。

共著『多民族・共生の街 新宿の底力』(明石書店、1998年)、『阪神・淡路大震災の社会学第2巻』(昭和堂、1999年)。

中村祐司(なかむら・ゆうじ)
1961年、神奈川県生まれ。早稲田大学大学院政治学研究科博士課程修了。
現在 宇都宮大学国際学部教授。博士(政治学、早稲田大学)。専攻 行政学、地方自治論、スポーツ行政論。
主著『スポーツの行政学』(成文堂、2006年)。
共著 "Sports policy in Japan" in A. T. Johnson and L. Chalip ed., *National Sports Policies, An International Handbook*, Westport, Greenwood, 1996.

大江正章(おおえ・ただあき)

1957年、神奈川県生まれ。早稲田大学政治経済学部政治学科卒業。

現在 コモンズ代表。出版活動のかたわら、農を中心にしたルポを発表。

主著『農業という仕事』(岩波ジュニア新書、2001年)、『地域の力』(岩波新書、2008年)。

主論文「『限界集落』の挑戦」(『世界』2008年8月号)。

〈執筆者紹介〉（執筆順）

寄本勝美（よりもと・かつみ）

1940年、和歌山県生まれ。早稲田大学大学院政治学研究科博士課程修了。

現在　早稲田大学政治経済学部教授、法学博士（京都大学）。専攻　地方自治・環境政策。

主著『ゴミ戦争』（日経新書、1974年）、『現場の思想と地方自治』（学陽書房、1981年）、『自治の現場と「参加」』（学陽書房、1989年）、『ごみとリサイクル』（岩波新書、1990年）、『自治の形成と市民』（東京大学出版会、1993年）、『政策の形成と市民』（有斐閣、1998年）。

市川喜崇（いちかわ・よしたか）

1963年、長野県生まれ。早稲田大学大学院政治学研究科博士課程修了。

現在　同志社大学法学部助教授、博士（政治学、早稲田大学）。専攻　地方自治とくに日本の中央―地方関係。

共著『現代の分権化』（敬文堂、1995年）、『グローバリゼーションと地域』八朔社、2000年）など。

主論文「『新中央集権主義』の再検討」（福島大学行政社会学会『行政社会論集』第９巻第３・４号、1997年）。

早川　淳（はやかわ・じゅん）

1964年、東京都生まれ。早稲田大学大学院政治学研究科修士課程修了。

現在　渋谷区役所職員。専攻　市民参加のまちづくり、都市政策。

共著『分権時代の自治体職員７　住民・行政の協働』（ぎょうせい、1998年）、『自治が広がる　地方分権推進計画を読む』（ぎょうせい、1998年）。

主論文「市民主導のまちづくりの条件を探る」（『月刊自治研』1999年１月号）。

岩崎恭典（いわさき・やすのり）

1956年、京都府生まれ。早稲田大学大学院政治学研究科修士課程修了。

現在　四日市大学総合政策学部教授。専攻　地方自治とくに都市制度論、地域団体論。

共著『大都市における地域行政』（東京市政調査会、1994年）、『分権時代の自治体職員７　住民・行政の協働』（ぎょうせい、1998年）、『地方自治の現代用語　新版　第一次改訂版』（学陽書房、2000年）など。

小原隆治（こはら・たかはる）

1959年、長野県生まれ。早稲田大学大学院政治学研究科博士課程満期退学。

現在　成蹊大学法学部教授。専攻　地方自治史とくに制度史。

共著『藤沢市議会史　記述編』（藤沢市議会事務局、1991年）、『21世紀の地方自治戦略１　自治の原点と制度』（ぎょうせい、1993年）、『これでいいのか平成の大合併』（編著、コモンズ、2003年）など。

公共を支える民

二〇〇一年二月一五日　初版発行
二〇〇八年九月一五日　五刷発行

編著者　寄本勝美

発行者　大江正章
発行所　コモンズ
東京都新宿区下落合一―五―一〇―一〇〇二
TEL〇三（五三八六）六九七二
FAX〇三（五三八六）六九四五
info@commonsonline.co.jp
http://www.commonsonline.co.jp/

振替　〇〇一一〇―五―四〇〇一二〇
印刷／製本・シナノ
乱丁・落丁はお取り替えいたします。
ISBN 4-906640-38-9 C1031

＊好評の既刊書

分権改革の地平
●島田恵司　本体2800円＋税

地域の自立シマの力（上）
●新崎盛暉・比嘉政夫・家中茂編　本体3200円＋税

地域の自立シマの力（下）　沖縄から何を見るか　沖縄に何を見るか
●新崎盛暉・比嘉政夫・家中茂編　本体3500円＋税

脱・道路の時代
●上岡直見　本体1900円＋税

コモンズとしての**地域空間**　共用の住まいづくりをめざして
●平竹耕三　本体2500円＋税

利潤か人間か　グローバル化の実態と新しい社会運動
●北沢洋子　本体2000円＋税

目覚めたら、戦争。　過去《いま》を忘れないための現在《かこ》
●鈴木耕　本体1600円＋税

北朝鮮の日常風景
●石任生撮影、安海龍文、韓興鉄訳　本体2200円＋税